女人爱情全攻略

若谷 编著

魅力女性修炼法则

- 贴心智能数字人 聊聊姐妹私房话
- 情商进阶营 女性指南 塑造更优秀的自己
- 成长必修课 精品课程 一起寻找幸福密码
- 幸福 听故事 提升情感处理能力

东华大学出版社
·上海·

图书在版编目（CIP）数据

女人爱情全攻略 / 若谷编著. -- 上海：东华大学出版社, 2024. 11. -- ISBN 978-7-5669-2472-8

Ⅰ. C913.1-49

中国国家版本馆CIP数据核字第2024L6Q748号

责任编辑：李　晔
装帧设计：张雨涵

女人爱情全攻略

编著：若　谷
出版：东华大学出版社（上海市延安西路1882号，邮政编码：200051）
出版社网址：dhupress.dhu.edu.cn
天猫旗舰店：http://dhdx.tmall.com
营销中心：021-62193056　62373056　62379558
印刷：三河市龙大印装有限公司
开本：710mm×1000mm　1/16
印张：12
字数：215千字
版次：2024年11月第1版
印次：2024年11月第1次印刷
书号：ISBN 978-7-5669-2472-8
定价：39.80元

前言

自古以来，爱情被赋予了无尽的浪漫色彩，被视为上天注定的缘分、生命中不可预测的奇迹。然而，当现实的尘埃落定，我们不难发现，爱情并非全然是随机的邂逅，而是一场可以精心策划、科学把控的生活艺术。它如同一场战役，需要步步为营，用智慧与心血去浇灌。

在爱情的舞台上，被动等待往往只能依靠偶然和运气的眷顾，如同守株待兔，其结果多半不尽如人意。相反，主动出击，用智慧和勇气去追求和守护自己的爱情，才能拥有更高的成功率和更美满的结果。爱情，不是等来的，而是争取来的，这一点对现代女性尤为重要。

人见人爱，并非一种天生的特质，而是一种可以通过学习和实践掌握的策略，它关乎自我提升、形象塑造以及社交技巧的巧妙运用。当你懂得如何展现自己的魅力，爱情自然会更加青睐于你，让你如同星辰般璀璨夺目，在人群中熠熠生辉。

甜蜜恋爱，更是一种需要精心谋划的策略。它不仅是情感的自然流露，更是双方智慧与心计的交织。如何在恋爱中保持新鲜感，如何制造浪漫，如何处理冲突，都是恋爱谋略中不可或缺的一环。它们如同细腻的笔触，勾勒出爱情的轮廓，使之更加丰富多彩。

然而，无论爱情的游戏多么复杂多变，尊重始终是其不变的前提。没有尊重，就没有真正的爱情。尊重对方的意愿、感受、选择和空间，是爱情长久发展的基石。它如同爱情的土壤，滋养着情感的根系，使之茁壮成长。

爱情并非野蛮生长的野草，它需要精心经营和呵护。从相识到相知，从相恋到相守，每一个阶段都需要我们投入时间和精力。爱情是一场马拉松，而不是一场短跑。只有持之以恒地经营，才能收获最终的幸福。它如同一片花园，需要我们用心浇灌、修剪和呵护，才能绽放出绚烂的花朵。

婚姻被人们戏称为"爱情的终点"，但实际上，它只是爱情旅程的一个新起点。婚姻生活的琐碎与挑战，需要我们以更加成熟和智慧的心态去面对。如何在婚姻中保持爱情的热度，如何在平淡中寻找激情，是我们需要不断探索和学习的课题。它们如同婚姻的指南针，指引着我们在生活的海洋中航行，寻找着幸福的彼岸。

掌握爱情的全攻略，并不意味着要将爱情变成一场冷酷的计算，而是要在理解爱情本质的基础上，用更加理性和科学的方法去追寻和守护它。这样，我们的爱情才能更加幸福、更加长久。它如同一本秘籍，揭示着爱情的奥秘和真谛。

《女人爱情全攻略》一书的宗旨，正是帮助每一位读者找到属于自己的爱情，经营好属于自己的婚姻和感情。无论你是处于爱情的哪个阶段，无论你是初尝爱情的甜蜜还是正在婚姻的海洋中航行，这本书都将为你提供宝贵的指导和启示。愿你在爱情的道路上越走越宽广，收获满满的幸福与甜蜜。它如同一位智慧的导师，引领你走向更加美好的未来。

目录

第一章　吸引力漩涡，人见人爱，你凭什么？

如何在第一眼，就惊艳他	002
长得漂亮说得好，才能撩动人心	006
你的气质，其实就是奢侈品	010
相似的个性，互补的需求	014
有趣的人，你喜欢，他也喜欢	018
并不是，人人都爱"公主"	022

第二章　甜蜜约会，30秒架设零距离接触

诱导邀约，让对方主动来约你	028
迟到，不应该是女人的"专利"	032
"查户口式"聊天，有多让人讨厌？	036
赞美是突破安全距离的钥匙	040
再意犹未尽，也不要一次聊完所有的事	044
巧用推拉，是约会高阶聊天的法则	048

女人 爱情全攻略
Women's Love Strategy

第三章 暧昧的方向，向左走，还是向右走

朋友之上，恋人未满？其实友情与爱情的界限很明显　054

如何分辨对方是暖男还是"中央空调"　058

暧昧别上头，他不一定是真的喜欢　062

打破暧昧，主动捅破那层"窗户纸"　066

只暧昧，不表白，是爱吗？　070

他不过来，你也不要急着过去　074

第四章 选择障碍，甲之蜜糖，乙之砒霜

你爱的与爱你的，你选哪个？　080

三观不合，何谈爱情？　084

喜欢的还是合适的，你得拎得清　088

爱的语言VS爱的行动　092

选择一个"老实人"，也不一定安全　096

第五章 情感操纵，爱与尊重的界限

关心有尺度，别让好意变成控制欲　　102
你想黏在一起，但他不这样想　　106
亲密关系中的"恶"——"煤气灯效应"　　110
当个人隐私遇到亲密关系，该怎样处理？　　114
不依赖，关系才不会失控　　118

第六章 三年之痛，爱人成了熟悉的陌生人

爱情的保质期很短？　　124
仪式感拉满，才会使人怦然心动　　129
相互欣赏和仰望，没有比这更美好的事情了　　133
吵架也有小哲学　　137
学会正确撒娇，是爱情的润滑剂　　141

第七章 感情无法继续，是什么威胁你的亲密关系

打破假性亲密关系　　　　　　　　　　　　146

异地恋，要么结束"异地"，要么结束"恋"　　150

不爱了，就放手，不必做过分的纠缠　　　　154

发现出轨，该原谅还是直接离开？　　　　　158

没有性，就不算爱情吗？　　　　　　　　　162

第八章 爱情的进程，走过恋爱，向婚姻出发

结婚只因为你想结婚，而不是该结婚了　　　168

情到浓时，婚姻是自然结果　　　　　　　　172

只谈恋爱不结婚，你到底在害怕什么　　　　176

失去信任，就意味着婚姻陷入了不确定　　　180

Women's Love Strategy

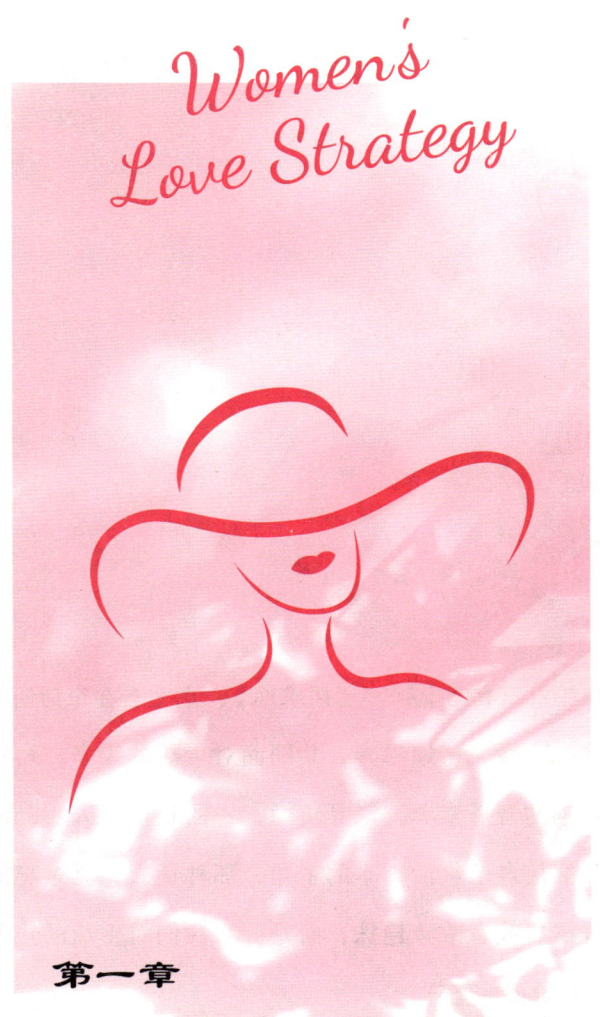

第一章
吸引力漩涡，人见人爱，你凭什么？

为什么有人能如磁铁般，人见人爱，魅力四射？是天生丽质赋予了他们独特的魅力，还是后天的不懈修炼铸就了非凡的气质？这一切，究竟是巧合之下的偶然绽放，还是掌握了某种不为人知的秘密武器？让我们一起揭开这层神秘的面纱，探索吸引力漩涡的深层奥秘。

如何在第一眼，就惊艳他

司马相如在卓家宴席上弹奏《凤求凰》，卓文君在帘后听到琴声，两人便心生爱慕，不顾一切地私奔，共同面对生活的艰辛。司马相如凭借诚挚之心和卓越的音乐素养，以琴传情，一曲收得美人心，成就了一段佳话。每个人都是自己生活剧本的主角，那种让人一见难忘的魅力，不是靠穿得花枝招展或者浓妆艳抹，而是源自我们对生活的热爱、对梦想的执着和对自我价值的坚守。

想要一出场就让人眼前一亮，关键就在于勇敢地做自己。拥有多重身份的奥普拉·温弗瑞的成功不是靠外表，而是靠她对生活的深刻理解和帮助他人的真诚。这种魅力可不仅仅是靠着你的化妆打扮就能散发出来的，更重要的是你内在品质的展现。想想看，当你满怀热情、自信满满地走进一个场合，哪怕你安安静静不说话，你的气场就足以引人注目。

这种魅力，既不是靠名牌堆出来的，也不是靠金银珠宝装点出来的。

第一章
吸引力漩涡，人见人爱，你凭什么？

你的眼神交流、微笑和举止，可以直接映射出你对生活的积极态度、对梦想的坚持追求、对自我价值的肯定。

因此，让人第一眼就感到惊艳的，其实是你对生活的态度和你的内心世界。当你相信自己的价值，当你对梦想充满热情，当你用积极的态度面对生活，那你的每一次出现，都将成为别人眼中的一道亮丽风景。

在李艾大学毕业后，生活似乎总在和她开玩笑。每次她满怀希望地迈出步伐，迎接她的却是困惑和失望。找工作的连续失败，感情上的初次受挫，像两座大山压在她心上，让她感到沉重。

面试当天的早晨，李艾穿着精心挑选的职业装，手里紧握着沉甸甸的简历，走进了她梦寐以求的大公司。她的求职目标很明确——客户经理，一个既能展示她的魅力又能实现职业抱负的岗位。

在笔试环节，李艾凭借扎实的专业知识和敏捷的思维，轻松地通过。走出考场，她对着镜子自信一笑，仿佛已经看到了自己穿着公司制服，在职场上大展拳脚的模样。

但是，面试结果却像晴天霹雳，打破了她的美梦。她鼓起勇气问面试官原因，得到的答复直截了当："李小姐，你的外表确实出众，但客户经理这个职位，需要的不只是外表。客户更看重的是交流时的从容和自信，是那种内在的气质。很遗憾，你在这方面还有提升空间。"

那一刻，李艾感到心如刀割，她第一次意识到，气质这东西，远比她想象得要重要。

时间飞逝，几年过去了，李艾在职场上渐渐站稳了脚跟，但感情生活却依旧空白。通过朋友介绍，她认识了林浩，一个各方面都很优秀的男孩。林浩的温柔和才华深深吸引了李艾，让她第一次想要安定下来。

在一次浪漫的晚餐后，李艾鼓起勇气向林浩表白。然而，她得到的却是礼貌而坚决的拒绝："李艾，你很优秀，但我总觉得我们之间缺少点什么。"那一刻，李艾的心情跌到了谷底。

不久后，李艾和闺蜜逛街时偶然遇到了林浩。他牵着一位外表普通但气质出众的女孩，两人相视一笑，眼中充满了温柔和默契。那一刻，李艾终于明白，她输在了哪里——是那种难以言喻的气质，是那种让林浩心动的温柔和宁静。

她静静地观察着那个女孩，她的面容或许不是最惊艳的，但每一个小动作、每一个温暖的眼神都散发出一种难以抗拒的魅力。李艾暗下决心，她也要成为那样的人，用气质去赢得自己的幸福。

从那以后，李艾开始了自我提升的旅程。她不再只关注外表，而是更加注重内心的修养。她阅读大量书籍，提高自己的文化素养；参加各种社交活动，锻炼交际能力；她还学习瑜伽和冥想，让自己的心灵得到真正的平静和放松。

时间的流逝悄然塑造着李艾，她的眼神变得更加坚定而柔和，举止更加优雅而从容。容貌可能是初次见面的敲门砖，但气质和个性才是让人记住的关键。

打扮是提升气质的第一步。选择一套既适合自己又能展现身材优势的衣服，不需要太繁复，简约大方就好，再搭配上一些精致的小饰品，比如一条简单的项链或一对小巧的耳环，就足以让你看起来既优雅又有品位。

第一章
吸引力漩涡，人见人爱，你凭什么？

俗话说，"细节决定成败"，在装扮自己的时候，一定要确保你的头发干净利落，妆容清新自然。不需要浓妆艳抹，一处点睛之笔就能让你更加出众。一个自信的微笑，能够瞬间拉近你和对方的距离，让他感受到你的亲和力和气质。

但别忘了，气质更体现在你的举止之间。无论是走路时的挺拔身姿，还是坐下时的优雅姿态，都能展现出你的自信和教养。特别是在交流时，保持眼神交流，更可以展现出你的真诚和兴趣。

最后，不要忘了展现你的个性和兴趣。无论是分享一个有趣的小故事，还是谈论你对某个话题的看法，都能让对方看到你的独特之处。独特，是最容易从大众中分离出来的特质，这样的你，不仅能在第一眼就惊艳到他，更能让他牢牢地记在心里。

记住，惊艳不是一时的表面功夫，而是你内在气质的自然流露，一个自信、真诚，并拥有独特气质的女孩，怎么能不迷人呢？

爱情攻略

> 女孩的外貌，虽能带来一时的惊艳，却难以抵挡岁月的侵蚀，而气质却可以成为自己永恒的标签。

长得漂亮说得好，才能撩动人心

爱情似绚烂的花朵，拥有着一种难以言喻的魔力，不知何时何地，它便悄无声息地在两颗心之间生根发芽。它源自那一瞬间的"来电"感觉，瞬间的点亮，便照亮了彼此的世界。

当然，如果你拥有令人惊艳的美貌，无疑能够瞬间吸引异性的目光，让他们在第一时间被你的光芒所吸引，甚至不由自主地陷入一见钟情的美妙漩涡中。不过，美貌虽是爱情的敲门砖，但在爱情的长跑中，真正撩动人心的是沟通。

想象一下，在一个温馨浪漫的夜晚，月光如水，星光点点。你与心仪的他相对而坐，你的每一个字、每一句话都温柔地拂过他的心田，这样的你，怎能不吸引他的注意？

你一言我一语的对话之间，展现着你过人的才情与智慧，透露出对生活的热爱、对未来的憧憬，以及对他的深深理解与关怀。这样的你，

第一章
吸引力漩涡，人见人爱，你凭什么？

怎能不让他心动？

换个角度，如果你空有美貌，却在言谈间显得粗俗无礼、尖酸刻薄，那么哪怕初见时颇有好感，也会在谈话的瞬间烟消云散。

阿美人如其名，颜值高，身材更是无可挑剔，每到一个地方都能吸引异性的注意。然而，让她郁闷的是，她的"桃花"似乎很多，但爱情却迟迟未能到来。一些追求者明明对她表现出好感，甚至展开了追求，但没几天，就突然"刹车"了。

一次外出旅行，阿美在旅行团中遇到一个帅气的小哥哥，热情、开朗。阿美邀请他为自己拍照，小哥哥爽快地答应，对阿美也表现出好感。

拍照后，小哥哥拿给阿美看，客气地说："技术不怎么好，照片不及你本人十分之一的美！"这本是恭维，意在夸赞阿美的美。

谁知，阿美看了眼照片，直接说："没错。你应该早点说，真是浪费这么美的我和这么美的景。"

听了这话，小哥哥只能尴尬地笑笑，之后的旅途没再和阿美交流过一次。

还有一次，在朋友的聚会上，阿美与朋友的朋友互生好感，还互加了微信。一开始，那人还主动与阿美聊天，但几天后，就没动静了。就算阿美主动和他说话，他也是许久不回，或只回简单的"哦""是的""我正在忙"。

为什么？看看阿美与那人的聊天内容，你就知晓原因了。

那人："很高兴，今天能遇到你！"

阿美："有多高兴？！"

那人:"下班有时间吗？我请你喝咖啡！"

阿美:"大热天，谁还喝咖啡？！你口味可真独特！"

那人:"今天过得怎样？"

阿美:"哎，倒霉死了！你知道吗，我们老板就是一个'大傻子'……"

……

为什么阿美的"桃花"很多，爱情却迟迟不到来？其实，是因为她说话真的很不动听，一张嘴就说出令人不舒服的话。就好像蔡澜所说的："有些女人像菜市场卖的鱼一样，看起来很新鲜，但不能让她开口，一开口就闻到恶臭味。"

"谈情说爱"，爱情就是靠"谈"的。说得开、聊得来，爱情的美好感觉才能产生。说不开，聊不来，好感都瞬间消失了，又怎样能产生爱情？除非他只看颜值，只爱"花瓶"。

因此，想要吸引异性的注意，让人着迷，就应该提高情商，学会好好说话，说出动听的话语。事实上，生活中很多女人并不美，第一眼看上去很普通，但是却人见人爱，就是因为她们说话动听，每一句话都让人听着舒服、心情愉悦。

在人际交往的棋盘上，语言是我们最重要的棋子。它们可以构筑桥梁，也能成为隔阂。掌握恰当的说话之道，是一种智慧，也是一种修养。我们应当明白，语言的力量在于温和与尊重，而非尖锐与冒犯。

因此，在指出他人不足时，我们可以选择委婉而建设性的方式，比如，"我觉得这个地方如果能稍作调整可能会更好"。这样的话，比直接来一句"你做错了"更容易让人接受。

第一章
吸引力漩涡，人见人爱，你凭什么？

在讨论敏感话题时，更是需要注意表达方式，用"我理解你的立场，但我想分享另一个角度的看法"来开启对话，能够促进理解和沟通，而"你那样想是不对的"这类语言，只会导致对话的终结和双方的对立。

总的来说，说得好，语言就要听起来有趣；说得好，说话就要委婉不套路；说得好，表达就要走心，拿出真诚来。

无论你长得漂亮还是平凡，语言一定是你能拿出的第二张牌。话在说出口之前，注入更多的同理心和智慧，这样我们的话语才能真正地触动人心，建立起真诚的连接。

爱情攻略

> 真正的爱情，始于颜值的吸引，却深植于心灵的共鸣；外表的亮丽与言语的温柔，如同爱情的双翼，共同托起幸福的天际。

你的气质，其实就是奢侈品

"我就站在你面前，你看我有几分像从前？"气质绝对是一种虚无又真切的力量。

说它虚无，因为爱一个人，就是爱她的那种"劲儿"，那种感觉是很难用语言表达出来的；说它真切，是因为那种"劲儿"的确是真切地存在，她站在你面前，自然流露，想要模仿，却是难以复制。

著名主持人杨澜主持的节目之所以深受观众喜爱，并非仅仅因为那些令人惊奇的爆料，更多的是因为她身上表现出的独特魅力与深厚涵养。在节目中，杨澜总能以她那温婉而坚定的声音，引领观众走进一个个精彩纷呈的故事世界。

她的每一次提问都恰到好处，既不显得突兀也不失深度，让人感受到她的一种由内而外散发的知性美。这种知性美，正是气质的体现。

女人的魅力，可不仅仅体现在外表的光鲜亮丽，更体现在内在修养

第一章

吸引力漩涡，人见人爱，你凭什么？

与学识。正如古人云："腹有诗书气自华。"一个人的气质往往与其所读之书、所历之事息息相关。通过阅读，可以汲取前人的智慧，拓宽视野，丰富内心世界，从而在言行举止间流露出不凡的气质。

在爱情中，拥有那种"劲儿"的女孩仿佛自带光环，无论走到哪里都能成为焦点。她们的一言一行都透露出优雅与从容，让人不禁为之倾倒。这样的她们不会因为一时的得失而丢失自己，也不会因为外界的纷扰而迷失自我。

午后，公司突然迎来了一批重要的外国客人——一家国际知名企业的高层，他们正在寻找合作伙伴。总裁当天带着团队去厂区考察了，不在公司。总裁秘书林晓一脸为难。

她在电话里焦急地向总裁汇报情况："总裁，他们对中国的文化特别感兴趣，我英语还对付得来，但要深入聊历史、文化，我可就有点儿力不从心了。"

"那你想办法吧！"总裁匆匆挂了电话，林晓一脸为难。

这时，行政秘书李悦轻轻地说："林姐，别急，我们可以用茶艺来展示中国文化。让他们体验一下中国茶道的韵味，怎么样？"

林晓眼睛一亮，连忙点头："李悦，这主意好！快去准备。"

李悦迅速换上一身精致的茶艺服装，走进接待室。随着古筝音乐的响起，她微笑着对客人说："各位尊敬的来宾，欢迎来到中国。今天，我想通过一场茶艺表演，向大家展示中国茶文化的魅力。"

外国客人们显得非常感兴趣，纷纷鼓掌。李悦的茶艺表演开始了，她的手法熟练，每一个动作都透露出专业和优雅。一位外国客人好奇地问：" 李小姐，这泡茶的步骤看起来很讲究，能给我们讲讲吗？"

李悦微笑着回答："当然可以。泡茶不仅是一种技艺，更是一种修身养性的方式。比如这个温杯洁具的步骤，是为了让茶具达到适宜的温度，更好地释放茶香。"

表演结束后，客人们还意犹未尽，继续提问："李小姐，中国除了茶艺，还有哪些独特的文化？"

李悦和林晓相视一笑，然后开始了精彩的解说。李悦用流利的英语介绍："中国的文化博大精深，比如我们有八大菜系，各具特色。还有长城、故宫、西湖等风景名胜，每一处都是历史的见证。"

一位外国女士特别感兴趣地问："那中国的茶文化是怎么起源的呢？"

李悦眼中闪烁着自豪："中国的茶文化源远流长，可以追溯到几千年前。它不仅是一种饮品，更是一种生活的艺术，代表着和谐与宁静。品茶时，我们追求的是心灵的平静和与自然的融合。"

考察结束时，客人们临走前紧紧握住李悦和林晓的手，感激地说："非常感谢今天的接待，尤其是李小姐的茶艺和文化介绍，让我们深刻感受到了中国的魅力。我们一定会向总部推荐贵公司作为合作伙伴！"

在李悦的故事中，我们看到了气质与才华的完美结合。她不仅具备扎实的专业知识，更拥有一种难以言喻的魅力，这种魅力正是源于她对生活的热爱和对文化的深刻理解。她用一场茶艺表演，展现了中国茶文化的博大精深，更让外国客人感受到了中华文化的独特韵味。

李悦之所以显得特别，是因为她身上散发出的书香气质，这种气质源于她对阅读的热爱和对知识的渴求。她的气质，如同经过时间沉淀的

第一章
吸引力漩涡，人见人爱，你凭什么？

美酒，越陈越香，越了解越能体会到她的深度。

阅读不仅是一种获取知识的方式，更是气质养成的关键。喜欢阅读的女孩，她们的内心在岁月的雕琢下变得平和而优雅，如同春风，让人温暖和舒适。

"腹有诗书"的女孩在与人交流中，表达条理清晰，表情从容自信，因为她们的内心充实。这种自信和优雅，是她们最珍贵的财富，具有无法抗拒的魅力。

在宁静的午后，一杯茶，一本书，静静地沉浸在阅读中，仿佛时间在这一刻停止。这样的情景，激发了人们对知识与内在美的向往。女孩们，不要被外界的浮躁所迷惑，而应沉浸在书籍的智慧中，让气质成为你的标志。

那些充满智慧和深度的书籍，是塑造气质的养分。它们可能不会立即带来名声和利益，但会在你心中培育出智慧和善良的种子，让你的气质像星辰一样，照亮你的人生旅程。

爱情攻略

> 气质会是你最骄傲的奢侈品。在爱情与人生的舞台上，你将以最优雅的姿态，绽放属于自己的光芒。

相似的个性，互补的需求

亚里士多德说："朋友是另一个自己。"生活中，我们常常被相似个性的人吸引，但真正让关系生根发芽的，并不是他与你有多相似，而是那些互补的特质。

爱情和友情中，你会找与自己的"同类人"，相似的个性让你们开始对话。一个热情的人可能会激发出另一个人探索未知的勇气，而一个内敛的人则能提供稳定的情感支撑。这样的关系，并不是因为个性相似而形成的复制，而是一种深刻的补充和完善。

还有一种情况，在一段关系中，尽管你们对生活有着共同的热爱，但面对挑战时，你们处理问题的方式却各有千秋。这种差异性，不是障碍，而是一种力量，让你能够从对方身上学到新的应对策略，共同成长。

简而言之，相似性为我们搭建了交流的桥梁，而互补性则让这座桥

第一章
吸引力漩涡，人见人爱，你凭什么？

梁更加稳固，让彼此的联系更加深刻。我们不仅欣赏彼此的共同点，更珍视那些使我们成为更好自己的差异。这样，我们的关系才能在理解和尊重中不断向前发展。

叶蔓和孙盛的爱情，是一场曲折的长跑，最终在一个秋天画上了句号。他们的相遇，像大学里最灿烂的花朵，开在了一次聚会的欢声笑语中。两人看上去是金童玉女，天生一对。但爱情，不只是一见钟情的火花，更多的是日常相处中的磨合与理解。

叶蔓最初被孙盛的才华和魅力所吸引，他的成绩优异，他在篮球场上的飒爽英姿，让她钦佩不已。但时间一长，叶蔓发现两人的世界并不总是那么合拍。每当夜晚来临，她独自一人走在校园的路上，心里总是五味杂陈。她多次向孙盛表达自己的不安，但往往只换来他在游戏中一句轻飘飘的回应："别想太多。"叶蔓心里有点失落，但很快又用坚强掩饰过去。

叶蔓体质较弱，每逢季节更替就容易生病。生病时，她希望得到的不过是一杯热水，一句关心的话，但孙盛的"多喝热水"几乎成了他唯一的关心方式。叶蔓的心，在一次次的失望中慢慢变冷。

让这段感情走到尽头的，是叶蔓母亲病重的时候。她多希望孙盛能在她最需要支持的时候陪在她身边，哪怕只是一个拥抱，一句"我在"。但孙盛却以学业忙为由，婉拒了她的请求。那一刻，叶蔓的心彻底凉了。

绝望中，叶蔓向一个一直默默关心她的男同事求助。这位同事话不多，却用行动证明了他的真诚和可靠。他陪伴叶蔓度过了那段艰难的时光，给了她前所未有的温暖和安全感。在叶蔓母亲的病床前，他郑重地许下了承诺，那一刻，叶蔓感到了久违的依靠。

终于，叶蔓下定决心，在一个落叶纷飞的午后，鼓起勇气向孙盛提出了分手。她的声音虽然颤抖，但眼神坚定："我们就像两条平行线，看似靠近，实则永远不会相交。我想要的，是一个能在我需要时给我陪伴和温暖的人，而你，做不到。"

孙盛沉默了很久，最后点了点头。他知道，自己可能真的失去了太多。而叶蔓，也在这一刻释然了。她明白，爱情中最和谐的，不只是相似的个性，更是彼此的需求互补。她感激孙盛给了她美好的回忆，但也更珍惜眼前这份能让她心灵得到安宁的温暖。

从此，叶蔓和那位男同事携手同行，一起走过了未来的风雨。他们相互扶持，彼此理解，共同书写着属于他们的幸福故事。叶蔓也终于明白，真正的爱情，不是轰轰烈烈的誓言，而是平凡生活中的点点滴滴，是无论何时何地都能感受到的安心和温暖。

爱情之路从不平坦，它布满了试炼与障碍。然而，正是这些经历，深化了彼此的联结，让爱情显得更加宝贵。他们在相处中学会了发现不同中的相同，学会了在争执中找到和平，最终理解到，真正的爱情，是在相互理解与宽容中培育出的和谐共存。

爱情的力量在于它能够超越表面的激情，触及心灵深处，建立一种持久而深刻的联系。遇见那个能与你灵魂共振，生活上互补的人，是一种极为珍贵的缘分。珍惜这份缘分，肩并肩迈向每一个新的一天，一起创造我们独特的爱情篇章。

第一章
吸引力漩涡,人见人爱,你凭什么?

爱情攻略

在爱情的织锦中,相似的个性如同经纬交织的稳固基础,而互补的需求则是其上绽放的绚烂花朵,两者相辅相成,共绘出灵魂深处最和谐的风景。

有趣的人，
你喜欢，他也喜欢

有些人宛如太阳，照亮了自己的轨迹，也温暖了周围每一颗心。他们的言语中闪烁着智慧的光芒，每一次交流都是对新世界的探索，既让人愉悦，又激发思考。

你之所以被有趣的人吸引，可能是因为他们能够赋予平凡生活以非凡的意义。在日常生活的循环往复中，他们用独到的眼光捕捉到生活的美好，将每个瞬间都变得光彩夺目。

有趣的人总是相互吸引，他也会被你这样的魅力打动。看看身边，太多人忙于追逐目标，忽视了生活的美好。如果你是一位有趣的人，你一定会愿意停下脚步，与那个他共享生活的点滴。

李明，一个三十而立的青年，学术成就斐然，却始终单身。他通过相亲认识了晓月，他们年纪相仿，都才华横溢，大家都期待他们能擦出爱情的火花。

第一章

吸引力漩涡，人见人爱，你凭什么？

这天下午，李明和晓月在一家文艺范十足的咖啡馆见面。李明显得有点紧张，不自觉地摆弄着咖啡杯，眼神里满是期待和不安。晓月先是用一个微笑回应了李明的问候，然后，两人都陷入了沉默。

为了打破沉默，李明深吸一口气，鼓起勇气问："晓月，你平时喜欢尝试不同口味的咖啡吗？还是有特别喜欢的一种？"晓月点点头说："偶尔换换口味挺有意思的。"这话虽然轻松，但两人之间的气氛依旧有些尴尬。

李明试图用更轻松的话题来拉近彼此的距离："你有没有想过，如果你有个妹妹，她会喜欢什么咖啡？"晓月笑了笑说："这我还真没考虑过，或许你应该去问那些有妹妹的人。"说完，她起身离开了，留下李明一个人愣在那里。

之后，李明反思了自己，介绍人也给了他一些建议，教他如何变得更幽默。李明决心在下次约会时有所改变。

功夫不负有心人，李明和晓月再次相约。这次，他手里拿着一束精心挑选的花，脸上带着自信的笑容。虽然因为堵车迟到了半小时，但他一进门就用一句幽默的话缓解了尴尬："晓月，不好意思让你等这么久，我可是花了三十年才找到这里啊！"晓月听了，紧绷的脸上露出了笑容。

在接下来的对话中，李明更加自如地运用幽默，把上次的咖啡话题轻松带过，还自嘲地说自己早上不喝咖啡就像没烤熟的羊肉串，让晓月忍不住笑了出来。

随着气氛越来越轻松，李明用幽默风趣的话语让晓月笑得合不拢嘴。分别时，他半开玩笑地邀请晓月加微信："我觉得你看起来不像坏人，所以想把我们的故事继续下去。"晓月笑得很开心，欣然接受了。

幽默感像一块磁石，两个有趣的人一定是相互吸引的。在爱情的宏大乐章中，幽默是那些跳跃的音符，也是他们心灵之门的钥匙。

女孩在第一次约会时，如果能展现出自己有趣的一面，就更有可能吸引到那个与自己同样有趣的人，你们的未来也一定会精彩纷呈。那么，女孩该如何展现自己的幽默呢？信手拈来的趣味比刻意的幽默更有吸引力。

你可以分享一些日常生活中的小趣事，比如一只误入办公室的小猫如何意外地成为大家的工作减压器，或者一次烹饪尝试中发生的滑稽小插曲。

在谈话中，你可以适当自嘲，比如开玩笑说自己的手机比你更懂得生活，因为它总是能找到最佳餐厅的位置。你也可以在对方讲述故事时，用幽默的方式作出反应，比如对方提到自己最近读了一本好书，你可以调皮地回应说："那本书我还没读，但我已经在书店的封面上旅行过了。"

通过这样的方式，你不仅能够让对话充满乐趣，还能让对方感受到智慧和幽默感，从而在第一次约会时就给对方留下深刻而有趣的印象。

幽默不只是调节气氛的工具，它还是心灵深处沟通的桥梁。它促使人们放下戒备，展现本真，在欢笑中建立起深厚的理解和默契。而那些

第一章
吸引力漩涡，人见人爱，你凭什么？

充满欢笑的时光，也会如星河中璀璨的星辰，让人每次回忆都能感受到深深的温暖和幸福。

爱情攻略

> 成为那个让彼此生活充满欢笑与惊喜的有趣灵魂，用你的独特魅力吸引他，同时展现对他的兴趣的好奇与共鸣，让爱情悄然生长。

并不是，人人都爱"公主"

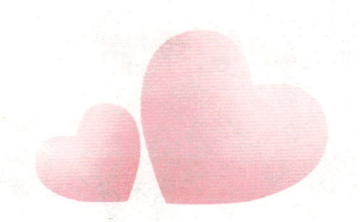

确实，女性拥有一种与生俱来的温柔与细腻，能自然激发起男人的保护欲，但过度沉溺于这一特质，尤其是刻意营造的娇柔与矫情，往往适得其反。

你是否听说过这样一句话："我最反感两种行为，一种是假装无所不知的浅薄，另一种是明明懂却故作不懂的矫情"，它深刻揭示了人际交往中的两大败笔。对于女性而言，浅薄不仅仅是知识的匮乏，更是对生活的肤浅和自我的放弃。有"公主病"的女孩，就是将撒娇与依赖过度放大，完全丢失了自我定位。

初时或许能凭借那份纯真与无邪赢得片刻欢心，但长此以往，"公主病"的泛滥只会让人敬而远之。男人欣赏的是能够共同成长、相互扶持的伴侣。男人也是需要休息的，怎么可能总是精力充沛地为"公主"来遮挡生活的风雨？

第一章

吸引力漩涡，人见人爱，你凭什么？

李婉晴大学毕业后，在父母的资助下于市中心开了一家时尚女装店。不过店里的日常事务多由父母操持，李婉晴还是每天打扮得光鲜亮丽，享受着老板娘的头衔，却很少插手店铺的具体运营。

在一次朋友组织的聚会上，李婉晴的活泼和纯真吸引了赵辰。赵辰是个事业有成的青年，很快就被这个看似生活在童话世界中的"小公主"所吸引。起初，赵辰很享受满足李婉晴的各种小要求，无论是让她先尝美食，还是她偶尔撒娇，甚至是蹲下身为她系鞋带，他都觉得这是恋爱中的甜蜜负担。

但随着时间推移，赵辰感到这份"负担"越来越重。李婉晴对他的宠爱要求越来越多，无论是生活中的小事，还是情绪上的即时满足，都让他感到压力很大。赵辰开始反思，他想要的是一段相互扶持、共同成长的感情，而不是单方面的付出。

终于，在一个月光明亮的夜晚，赵辰精心准备了一场告别仪式。他手捧鲜花，周围是五彩的气球，桌上摆着蛋糕和红酒，但他的眼神坚定。他对李婉晴说："晴晴，这是我给你准备的最后一份礼物，但它也代表着我们感情的结束。我发现，我无法继续做那个永远满足你所有幻想的骑士了。"

李婉晴的笑容凝固了，她试图用玩笑来化解这沉重的气氛："辰，你又开玩笑呢吧？是不是想给我个惊喜？"但赵辰严肃的表情让她意识到，这不是玩笑。

泪水在李婉晴的眼眶中打转，她不解地问："为什么？是不是你爱上别人了？"赵辰摇摇头："没有别人，只是我们不合适。你生活中的琐碎要求让我感到吃力，比如你要的水温必须精确到40摄氏度，还有你出门时频繁换鞋。你希望我背你转圈，却不顾场合地要求，这些都让我难以接受。"

李婉晴泪眼婆娑，撒娇地说："啊，原来你这么烦我，我就这么不好吗？"赵辰轻轻摇头，声音里带着疲惫："晴晴，你很好，只是我们不合适。我一直在努力适应你的世界，但我也需要你理解我的世界。我想要的伴侣，是能和我并肩作战，共同面对生活挑战的人，而不是永远需要我保护的公主。"

面对赵辰的坦诚，李婉晴的泪水终于滑落。她紧紧抓住赵辰的衣袖，哽咽着说："我……我以为这就是爱情的样子……"那一刻，赵辰看到了李婉晴眼中的脆弱和不解，但他知道，为了两人的未来，他必须作出选择。他温柔地挣脱了李婉晴的手，转身离去，留下一个决绝而孤独的背影。

其实，像李婉晴这样的女孩子并不在少数，特别是谈恋爱之后就会突然变得矫情起来。你偶尔撒娇会让人觉得很可爱，偶尔的娇弱也会让大家想要呵护，但是变本加厉地索取就会令人厌恶。

男人有一种天然的征服欲，他们很乐意做"公主"的勇士，但男人更是多变的，当面对生活的烦琐时，他们需要的是一位相扶相守的妻子，而不是娇嗔的"公主"。

其实，女孩儿为什么要做"公主"呢？在当今社会之中，又有谁会永远在你身边撑伞呢？做一个独立的人，为自己打造一把伞，在这个过程中，你所展现出的个人能力和自我驱动的精神，才会吸引到那个真正与你匹配一生的人。

第一章

吸引力漩涡，人见人爱，你凭什么?

爱情攻略

温婉而不失力量，柔美且充满智慧，女孩，做自己的女王，独立人格、深厚内涵与温柔魅力才能牢牢留住你期待的爱情。

微信扫码
1. AI贴心闺蜜
2. 成长必修课
3. 情商进阶营
4. 幸福研讨室

第二章
甜蜜约会，30秒架设零距离接触

如何在短短30秒内，从陌生到熟悉，架设起那座通往彼此心灵的桥梁？别担心，你不需要超能力，也不需要复杂的秘籍，只要掌握几个释放魅力的小妙招，就能让你们的距离瞬间缩短！现在，准备好了吗？让我们一起展开这场约会大作战，让爱情的火花在欢笑中悄然绽放！

诱导邀约，让对方主动来约你

你有没有这种心理感受？喜欢他，但他却表现得很深沉的样子！总不能每一次的约会都是你主动吧？总不能每一次进展都是你推动吧？甚至有些时候你主动了，他却拒绝，这种尴尬往往会很让人有受挫感。那你有没有想过通过"诱导"来让他也变得主动起来呢？

这种"诱导"不仅需要女孩的机智，更需要充分把握男性心理。那些睿智的女孩就是这样，她们可能通过分享一个共同兴趣的话题，或是对某个活动表现出轻微的好奇，来激发男性的注意和兴趣。这样的做法，既给了男孩一个展现自己、发起邀约的机会，也让整个邀约过程显得自然而不造作。

比如，可以把"你请我吃个饭吧！"转变为："这家新开的餐厅看起来不错，我还没机会去尝尝。"这种随意的提及，既表达了自己的喜好，又给了男方一个明显的暗示。如果男方对你感兴趣，他很可能会抓住这

第二章
甜蜜约会，30秒架设零距离接触

个机会，主动提出："那我们找个时间一起去尝尝吧。"

这种策略不仅避免了直接邀约的尴尬，也让男方感到自己在这段关系中扮演了主导角色。女孩通过这种方式，展现了自己的高情商和对社交节奏的掌控，同时也给了男方一个轻松接近和了解她们的机会。这是一种双赢的社交技巧，让邀约的过程变得更加愉快和有趣。

林晓曦生活在一个小镇上，最近，有两个男人对她展开了追求。

一个是杨楠，健身房的明星教练，身材健硕，笑声爽朗，虽然有时候大大咧咧，但魅力不减。另一个是杜斌，年轻有为的企业家，温文尔雅，只是肚子上微微凸起的小肚腩，成了他完美形象的一点小瑕疵。

林晓曦对这两位追求者的优点都很心动，但也有些犹豫。夜深人静时，她常想，如果能有一个结合了杨楠的幽默帅气和杜斌的温柔多金的人该多好。但她知道，现实中没有这么完美的事。

为了赢得她的心，杨楠和杜斌都使出了浑身解数。杨楠会邀请她去健身，享受运动后的畅快；杜斌则会在下雨的夜晚为她撑伞，两人一起漫步在老街，谈论着未来。

林晓曦享受着被追求的感觉，但也意识到自己一直在被动接受，没有主动做过什么。于是，她决定改变。在和杨楠聊天时，她会随口提到某个新开的餐厅，眼神里满是好奇和期待；和杜斌在一起时，她会分享一本好书，暗示周末可以一起去图书馆。

这些小动作都是林晓曦的小策略。结果，杨楠真的邀请她去了那家餐厅，杜斌也答应了周末一起去图书馆。林晓曦发现，当她学会适时地引导，而不是一味等待时，爱情的节奏可以掌握在自己手中。

经过一番思考，林晓曦明白了，真正的爱情不是外在条件的堆砌，而是心灵深处的契合。最终，她勇敢地选择了那个能让她心灵得到归宿的人。在这场爱情的故事中，她得到的最大收获是勇气和智慧。

"主动"一些心里没底，"被动"等待又怕错失机会，毕竟没有多少人愿意去等，爱情经不起太长的等待。因此，当遇到一个心仪的人时，为了你们的爱情，不妨为他设一个甜蜜的"陷阱"。

首先，兴趣爱好引起共鸣。比如，在聊天时自然而然地提一提最近对某个展览、电影或户外活动的兴趣，再表达一下希望有人能一同前往的愿望，但不必直接点名对方。通过创造微妙的心理联系，激发男孩子的好奇心与参与欲。

其次，保持一定的神秘感和让对方有所期待。在聊天中提一提自己将参与的一个有趣的活动或计划，但保持一定的模糊性，比如"下个周末我有个秘密小计划，希望会是个难忘的体验"，如果他对你有心，又产生好奇心，想要更多地了解你，就会主动提出想要参与的请求。

最后，也可以巧妙地主动设置场景，为对方创造邀约的机会。这并不意味着直接提出邀约请求，而是通过对话或行为引导，让对方自然地想到邀请你。比如，可以分享自己对某个餐厅、咖啡厅或新开业书店的喜爱，并表达希望下次有机会再去时能有人分享这份美好。

第二章
甜蜜约会，30秒架设零距离接触

爱情攻略

通过展现兴趣与共鸣、保持神秘感与期待值，以及主动设置场景创造邀约机会，可以有效促进双方关系的进一步发展，让爱情在自然而然中悄然绽放。

迟到，不应该是女人的"专利"

迟到本来是一种失信问题，是时间管理出现了偏差，但同一个问题，在现实中却被不公正地性别化解读。在约会的场合，似乎存在一种不成文的规则：女性迟到被视作理所当然，而男性迟到则被迅速贴上不可靠的标签。

其实，这种"双标"现象忽略了一个基本的事实：尊重时间是人际交往中的普遍准则，它不应受到性别差异的影响。每个人都可能因为不可预见的情况而迟到，那就不应成为评判一个人可靠性的标准。

从另一个角度而言，约会中的等待，是一个人耐心和宽容的试金石。如果要从性别来看差异，那么男生的耐心和宽容要远远超过女生呢！总之，约会不应成为性别偏见的温床，而应成为展现个人品质和相互尊重的平台。

第二章
甜蜜约会，30秒架设零距离接触

让我们摒弃那些过时的对性别的刻板印象，以更加开放和平等的心态，去建立和维护我们的人际关系。通过这种方式，我们不仅能够促进更加和谐的社交互动，也能够建立一个更加公正和包容的社交圈。

林浅喜欢穿精心搭配的碎花裙和高跟鞋，走路时显得自信从容，但这份从容，让她对时间的看法显得与众不同。

约定的时间是下午两点，这时的咖啡馆里渐渐热闹起来，爵士乐在空中飘荡。林浅却直到两点半才慢悠悠地走进来，风铃声为她的到来伴奏，她脸上带着一丝理所当然的微笑，仿佛迟到是她的特权。

"哎呀，路上太堵了。"她轻描淡写地说了一句，直接走向窗边的预留座位，没有更多的解释。

李明已经等了很久。

两杯拿铁的热气已经散去，他的眼神中闪过一丝失望，但很快被包容所取代。他微笑着说："没关系，我也刚到不久。"他一边说，一边为林浅拉开椅子。

与林浅的淡定不同，李明对这次约会充满期待。他精心挑选了咖啡馆，希望能给林浅一个惊喜，让两人的关系更进一步。但林浅似乎并不领情，更多关注自己的感受和周围环境。

李明分享自己的生活和未来规划，眼神中充满真诚和热情。但林浅反应冷淡，偶尔点头应付，注意力在咖啡馆装饰和自己的思绪之间游离。

当李明鼓起勇气提出关于两人未来的设想时，林浅只是轻轻一笑，没有明确回应。李明感到前所未有的挫败，意识到尽管自己努力了，但似乎难以走进林浅的世界。

后来，因为工作原因，李明不得不推迟了一次约会。这次，林浅的反应截然不同，显得非常不悦，对李明的工作安排表示不满。这让李明确信，自己在林浅心中的位置并不重要。

最终，这次因迟到和误解引发的裂痕无法修补，两人的故事画上了句号。李明学会了珍惜那些真正懂得尊重和理解的人。而林浅，继续在自己的世界里徘徊，寻找能让她心甘情愿改变的爱情。

林浅的经历提醒我们，个人的时间管理能力不仅影响日常生活，更在人际关系中扮演着重要角色。它像一面镜子，折射出在现代情感交往中，每个人都应在相互尊重的基础上，维护那份珍贵的默契。

约会前的守时是一种对关系的珍视和对承诺的尊重。它是一种内在的态度，一种对对方感受的考虑。因此，女孩子要学会换位思考，设身处地为对方着想，更加深刻地理解、尊重和重视对方。当对方感受到这种被在乎的温暖，两人之间的情感联系也会因此而加深。

当然，在面对不可避免的迟到时，坦诚的沟通和相互的理解也很重要。一个真诚的解释和道歉，不仅能化解误会，还能使关系因共同经历的小挑战而变得更加稳固。在爱的世界里，守时是一种尊重，相互尊重者会将爱情之桥筑得更牢固、更坚实。

第二章
甜蜜约会，30秒架设零距离接触

爱情攻略

准时不是礼节的选择，而是对每个人的基本要求。迟到不专属于任何性别，它关乎对他人的尊重和对承诺的重视。

"查户口式"聊天，有多让人讨厌？

烛光摇曳，氛围正好，与心仪的对象相视而坐，正准备编织一场心灵的邂逅，却不料他突然问：

"你多大了？"

"谈过几次恋爱？"

"具体工作地点是哪里？"

"一个月赚多少钱？"

……

这样的"查户口"式聊天，瞬间让浪漫氛围降至冰点，让人不禁感叹：真是一个下头男！这样的对话，不仅无法拉近彼此的距离，反而像是一道无形的墙，将两颗心越推越远，直至厌倦的情绪累积成逃离的冲动。

在这个信息爆炸的时代，保护个人隐私的意识愈发强烈，任何不经

第二章
甜蜜约会，30秒架设零距离接触

意的询问都可能触动对方心中的警报器。这种问话方式，对方心中总会有一丝警觉闪过，怀疑问话人是否带着不纯的动机，试图窥探自己的私人领域。

真正的交流应建立在信任与尊重之上，而非无端的猜疑。哪怕确认对方并无恶意，那份最初的警觉也会转为难以言喻的厌烦。尤其是当话题触及收入、情感状态、家庭住址等敏感地带时，仿佛是在进行一场无意义的信息交换，会让心与心产生隔阂。

白杨没料到自己会落进家人安排的相亲局。原本以为只是应付一下，却没想到这场相亲让人如此难忘。

餐厅灯光温馨，气氛却因为一个自视甚高的男人加入而变得有些尴尬。这男人自打坐下起，就摆出一副高人一等的姿态，眼神里满是对周围一切的轻视，却对自己的吸引力自信满满。

他开口了，语气里带着几分探究："白小姐，听说你是干媒体的，工作肯定挺忙吧？"这听起来像是关心，实则是在打探她的底细。

白杨轻轻一笑，心里有点不是滋味："还好，忙归忙，习惯了。"

但这男人似乎没察觉到白杨的不悦，继续他的问题攻势："收入怎么样？我听说媒体这行虽然风光，但压力也大，收入可能不稳定吧？"语气里似乎在评估她的价值。

白杨心里有点烦，但面子上还是保持了礼貌："收入看个人，我觉得只要努力，总会有稳定回报。"

这人还不死心，又转而问起她的家庭情况："对了，你家怎么样？父母是做什么的？有兄弟姐妹吗？"问题一个接一个，让人应接不暇。

白杨放下茶杯,眼神坚定:"我觉得两个人相处,最重要的是相互理解和尊重。家庭背景是我的私事,不是我们交往的基础。"

这话一出,气氛似乎凝固了。男人的脸上有点挂不住,尴尬地笑了笑,试图找补,但白杨已经不想再聊下去。

这场相亲,最终以白杨礼貌而坚决地结束对话而告终。

"查户口"式的聊天,简直就是一种交流方式的败笔,它如同一道无形的墙,悄然在对话双方之间竖起,让沟通的氛围瞬间降至冰点,令人不禁蹙眉叹息。

想象一下,你满心期待地与人分享日常,却遭遇一连串冷冰冰、不带丝毫温度的问题:"你多大了?""在哪工作?""月收入多少?""家庭背景怎么样?"这连串的问号,就像是无情的探照灯,在你的私人领空肆意扫射,让你瞬间感觉被剥去了所有的保护色,暴露无遗。

约会时,避免谈话变成令人不适的"查户口"其实并不复杂,关键在于以一种尊重和真诚的态度去了解对方。

当想问家庭成员的职业或家庭经济状况,可以问:"你在家里通常是怎样度过周末的?节假日都去哪里玩?"这样的问题能够自然地引导对方分享家庭生活的细节,而不会显得突兀或侵犯隐私。

收入是一个敏感话题,最好不要直接提问。如果想了解对方的经济观念,可以问:"你平时有什么特别的理财习惯或投资兴趣吗?"存款同样属于私人财务信息,更不宜直接提问。如果想要了解对方的消费观和生活态度,可以问:"你平时有什么特别喜欢的消费习惯,或者觉得值得投资的事物吗?"

此外，探讨个人兴趣、生活方式和未来规划也是了解对方的好方法。你可以问对方业余时间喜欢做什么，或者他们对未来有什么梦想和计划。这些问题不仅能够帮助你了解对方的生活态度和目标，还能够展现出你对他们的关心和支持。

最后，通过讨论价值观和人生观，你可以更深入地了解对方的内在世界。询问他们认为人生中最重要的事情，或者有没有什么特别的人生哲学或信念，都能够促进双方的交流和理解。

……

总之，约会时的谈话应该是轻松愉快的，而不是一种审问。通过尊重对方的隐私，用真诚和好奇的态度去倾听和提问，你就能够避免"查户口"式的谈话，建立起真正的连接和理解。

爱情攻略

> 用"查户口"般的琐碎问句，无异于在交流的花园中播撒荒芜的种子，收获的只会是对方心田的厌倦与疏离，真正的交流应当如春风化雨，润物无声。

赞美是突破安全距离的钥匙

在《鲁豫有约》的节目中，汪涵对鲁豫的一句简单赞美——"短头发的你也很可爱"，不仅是一种对她外表的肯定，更是一种对她个性魅力的深刻洞察。这种赞美方式让鲁豫很高兴，人们也对高情商的汪涵竖起了大拇指。他向我们展示了赞美如何作为一种细腻的艺术。

人与人之间是有一种安全距离的，它是心理舒适度的体现。在不同的文化和社交场合中，这个距离会有所变化，保持适当的距离，可以让自己舒适，也可以避免侵犯他人的个人空间。比如，在拥挤的电梯中，人们会本能地缩小个人空间，而在开阔的公园里，则会自然地扩大这个距离。

在日常生活中，我们通过非语言信号，如身体语言和面部表情，来感知和调整彼此的距离，而在初次约会的微妙氛围中，赞美像是拥有一种"魔法"，对调节安全距离尤为有效。

第二章
甜蜜约会，30秒架设零距离接触

当你与对方坐下来，紧张和期待交织在空气中，适时的赞美就像春风，能够吹散彼此间的寒冷，突破安全距离，让两颗心更接近。

赞美是人际交往中的柔软力量，表现了你对别人的真诚欣赏和深刻理解。正如心理学告诉我们的，人们因共同点而相互吸引，因赞美而感到快乐。初次约会，尽管我们无法预知与对方有多少相似之处，但通过赞美，我们可以主动建立连接。

阳光明媚，微风轻拂，小李的店里走进了一位不同寻常的客人——张伟。他在店里逛着，目光在乳胶漆样品上徘徊，偶尔还会不自觉地做出几个挥杆的动作，就像是高尔夫球场上的优雅一击。

小李是个细心人，很快就注意到了张伟的小动作，心里有了底：这位客人肯定是个高尔夫爱好者。他带着温暖的微笑，走上前去，声音平和又带着点磁性："先生，看您这动作，是不是刚打完高尔夫球？那挥杆的姿态真是优雅。"

张伟听了，眼神里闪过一丝惊讶，但很快变得好奇，他挑了挑眉毛，有些疑惑地问："你怎么知道的？我可没说过我喜欢高尔夫。"

小李笑了笑，眼神里满是自信："是您的动作告诉我的，那些细微的转身和手腕的调整，一看就是经常打高尔夫的人。看得出，您在球场上肯定游刃有余。"

张伟听后，嘴角上扬，眼中闪烁着被理解的喜悦："哈哈，你猜对了，高尔夫确实是我的最爱。不过，话说回来，这款乳胶漆……"

小李趁机介绍："这款乳胶漆，就像您的品位一样高端，虽然价格稍高，但品质绝对上乘，环保安全，是我们店里的招牌产品。我想，对于像您这样注重生活品质的先生,它绝对是家居装修的首选。"

张伟仔细看着产品,似乎在考虑。小李见状,又补充道:"而且,我们提供免费送货服务,之前有位住在××花园的客人购买了本产品,那是个高档社区,这个产品的品质完全能匹配。"

听到这里,张伟露出了满意的微笑:"××花园的确不错。看来,我选的东西不仅要符合我的喜好,还要和我的居住环境相匹配。"

小李趁机拉近关系:"先生,选一款好的乳胶漆,就像交一个懂你的朋友,它能让家更温馨舒适。我相信,这款乳胶漆一定能成为您家中的亮点。"

最终,在小李恰当的赞美和周到的服务下,张伟高兴地决定购买。两人相视一笑,初次见面的生疏早已消失,取而代之的是一种难得的默契和信任。

爱情的开端也是如此,它往往始于初次约会中那些贴切而意味深长的赞美。它们如同一把精美而匹配的钥匙,能够在不经意间打开心灵的防备,拉近彼此的距离。

优秀的赞美,就像艺术家精心雕琢的宝石,不仅外表光彩夺目,更蕴含着深刻的内涵。它不是简单的夸奖,而是对一个人独特个性的深刻理解和真诚认可。这种赞美能够触及人心,发现并照亮那些未被言说的优点。

在日常的相处中,真心的夸奖就像邻里间的问候,简单却温暖人心。比如,女孩对男孩说:"你的笑容真的很亲切,就像春天里暖和的太阳,让人感到轻松愉快,每次看到你笑,我的心情也会跟着好起来。"

第二章
甜蜜约会，30秒架设零距离接触

在饭桌上的闲聊中，女孩可能随意地对男孩说："我挺爱听你说话的，你谈论事情时显得既聪明又有趣。你总能不慌不忙地说出自己的想法，这点真的挺招人喜欢的，让我想要更加了解你。"

就像这样，女方通过如此细腻而真挚的赞美，不仅展现了自己的观察力与敏感度，更向男方传递了一个强烈而明确的信号：你，是值得我花时间去了解、去欣赏的人。

这样的交流方式，无疑为初次约会增添了几分浪漫与温馨，也为后续关系的发展奠定了坚实的基础。

爱情攻略

温婉而真诚的赞美如同春日暖阳，不仅能让对方心生欢喜，更能让两人之间的安全距离悄然融化。

再意犹未尽，
也不要一次聊完所有的事

在交流的艺术中，节制往往比放纵更能留下深刻的印象。正如美食家懂得细嚼慢咽，细细品味每一道佳肴，我们也应在对话中留下空间，让话题和思绪在告别后继续回荡。

对话不必一次倾尽所有，留有悬念，如同未完待续的故事，激发对方对下一次相聚的期待。这种期待，如同好书的悬念，让人在掩卷之后仍回味无穷，渴望继续探索未知的篇章。

这种"回味"，便是一种留白的艺术，它让交流不仅仅是言语的交换，更是情感和思想的交融。在对话中学会节制，享受意犹未尽带来的美好，让每一次交流都成为心灵深处的一次愉悦旅行。通过这种方式，我们不仅能够加深彼此的联系，还能够在生活的喧嚣中找到一片宁静和深思。

就像一幅画作，如果画家在画布上过度堆砌色彩和细节，反而会失去作品的灵动和吸引力。约会中的交流也是如此，如果我们一次性倾吐了所有，那么再次相见时，可能会发现已经没有新的话题可以挖掘，新鲜感也随之消逝。通过适度的留白，我们可以让每次约会都充满期待和新鲜感，让关系在不断探索中逐渐加深。

春日的一个傍晚，阳光温柔地穿过咖啡馆的窗户，洒在木质地板上，营造出一种温馨而惬意的氛围。小雅和陈浩坐在咖啡馆的一隅，享受着他们的初次约会。

小雅对陈浩感到好奇，想要了解关于他的一切。不知不觉中，她开始连珠炮般地提问。

"你是做什么工作的呢？"小雅睁大眼睛，满是好奇。

陈浩微笑回答："我是做软件开发的，在一家创业公司上班。"

小雅点头，继续追问："那你平时工作忙不忙？有空做自己喜欢的事吗？"

陈浩保持着温和的笑容，娓娓道来自己的工作日常，以及对技术的热爱。

小雅听得津津有味，她接着问了许多问题，从家庭背景到兴趣爱好，甚至是童年的趣事。

陈浩耐心地一一作答，眼神里始终带着友好和笑意。

但当童年话题聊完后，两人突然陷入了短暂的沉默，小雅意识到自己可能问得太多，陈浩似乎也在努力寻找新的话题。

他们带着轻微的尴尬结束了约会，原本打算送小雅回家的陈浩，此时也不知该如何开口，感觉已经把话题都说尽了。

尽管最后有些尴尬，小雅对陈浩的印象还是挺好的。她从上次的经历中吸取了教训，在第二次约会时，给陈浩留出了更多的空间。

当陈浩谈及工作时，小雅只是轻松地问："你之前说做软件开发，工作中有没有什么有趣的事情可以分享？"

陈浩听后，眼睛一亮，兴奋地讲述起工作中的趣事，小雅也听得兴致勃勃。

如今，小雅和陈浩已经一起走过了许多时光。他们之间依然保持着对彼此的好奇和期待，这份新鲜感和对未知的探索，正是他们情感深化的基石。

小雅这样就是学会了留白，哪怕你对对方再好奇，再充满兴趣，也不要一次性聊完所有的事情，这种聊天方式会让对方有一种被掏空的无助和尴尬。

比如，你和心仪的对象坐在一家温馨的咖啡馆里，享受着彼此的陪伴。你对他充满了好奇，想要了解他的所有。然而，如果你在一次约会中就急于揭开他所有的面纱，聊完所有的话题，那么接下来的相处可能会变得索然无味。

相反，如果你选择在某些话题上留白，比如只是简单提及他的工作性质，而不深入探究具体细节，那么在下一次约会时，你就可以以此为契机，进一步了解他在工作中的趣事和挑战。这样的留白不仅能让你们的对话更加轻松有趣，还能让每一次的约会都成为一次新的探索，一次情感的升华。

再比如，当你们聊到旅行的话题时，你不必急于了解他去过的所有地方和每一个细节。相反,你可以让他分享一次最难忘的旅行经历,然后留下其他的故事作为下一次约会的期待。这样,在下一次见面时,你就可以继续探索他未曾讲完的旅行故事,让情感在逐渐深入的了解中缓慢积累。

情感是可以在时间的沉淀中愈发醇厚的。约会不是终结,而应该是跳板,让每一次的约会都成为下一次相聚的期待和动力,关系也会更加紧密。

爱情攻略

> 留白是爱情中的一门艺术,它如同磁场的吸引力,让彼此在期待与遐想中更加紧密相连,让情感在时间的沉淀中愈发醇厚而美好。

巧用推拉，
是约会高阶聊天的法则

"推拉"作为一种高阶聊天法则，在约会时展现出了其独特的魅力。它远远超越了字面意义上的物理动作，升华为一种情感与心理的微妙互动。

这一法则的精髓，在于巧妙地平衡给予与保留，通过时而靠近、时而淡出的策略，创造一种动态的、充满张力的交流氛围，让每一次对话都仿佛是一场精心编排的舞蹈。

"推"的艺术，在于适时地创造一点距离感，让对方感到并非一切都能轻易获得。这并非冷漠或拒绝，而是一种策略性的后退，用以激发对方的好奇心和探索欲。

与"推"相对应，"拉"则是展现个人魅力，适时拉近彼此距离的行为。这可以通过分享个人小故事、展现真诚的笑容或给予对方肯定与赞美来实现。

第二章
甜蜜约会，30秒架设零距离接触

高情商的女孩，一定会在"推"与"拉"之间找到完美的平衡点。过多地"推"，可能会让对方感到疏远和挫败；而过度地"拉"，又可能让人觉得窒息，失去探索的乐趣。正如舞者需要精准的步伐和节奏来共舞，约会中的推拉也需根据对方的反应灵活调整。观察对方的情绪变化，适时调整自己的策略，让每一次的互动都如同乐章中的音符，和谐而引人入胜。

在一个气氛温暖的咖啡馆里，夜色透过窗户洒进来，柔和的灯光映照在两人身上，给这次约会增添了一份浪漫气息。

女生带着微笑，眼中闪烁着好奇："我最近对天文学特别感兴趣，尤其是黑洞，感觉它们好神秘，让人好奇又有点害怕。"

男生听了，眉毛一挑，装作惊讶："哇，这么高大上的话题，我平时也就看看星星。你确定要和我这种数星星的人聊黑洞吗？"他语气中带着玩笑，好像在逗女生。

女生被逗笑了："别这么说，我觉得你肯定能理解。说不定你还能给我一些新鲜的看法呢，每个人看宇宙都不一样嘛。"

男生被这么一夸，眼睛亮了起来，感受到女生的信任："行，既然你这么信我，我就试试。咱们说不定还能发现点'小秘密'呢。"他的话里带着点幽默，两人的距离感觉更近了。

女生笑得更开心了："那我可等着了。不过，真要给你带进黑洞的世界，你可别怪我啊。"她话里带着点调皮。

男生显得有点紧张，又马上放松："只要你带路，就算是黑洞我也敢闯。最刺激的探险得和最酷的人一起嘛。"

女人爱情全攻略
Women's Love Strategy

在这个温馨的咖啡馆里，两个人通过轻松的对话展示了自己的个性和兴趣。他们的谈话充满了智慧和幽默，让约会的气氛更加愉快，充满火花。在这个属于他们的小空间里，他们一起探索未知，也在了解彼此的内心世界。

在约会的艺术中，女性若能巧妙地运用推拉技巧，便能为这段初识的交往增添几分趣味与深意，同时也能悄然拨动对方的心弦，促进双方情感的真挚交流。

通过推拉，女性不仅能展现自己的魅力，更能引导对方深入探索自己的内心，共同创造一次心灵的盛宴，其关键在于把握时机和度，使对话充满趣味而不显刻意。

比如，在对方讲述一个小成就时，可以先轻微地"推"一下，比如说："哦，是吗？我可不信你能做得那么好。"然后迅速"拉"回来："不过看你这么自信，我倒真想知道你是怎么做到的。"当谈论日常琐事时，可以用夸张的方式"推"，例如："你做的菜？我怀疑我们会不会需要外卖来救命。"随后"拉"回来："但既然你这么有决心，我当然愿意给你的厨艺一个机会。"

再比如，在对方穿着或某个小细节上，可以先轻微地"推"，比如说："这件衣服挺有个性的，但我不确定我能不能欣赏得来。"然后"拉"回来："不过穿在你身上，看起来确实不错。"在对方讲述一个故事时，可以先表示出一些怀疑："这故事听起来太完美了，是真的吗？"随后"拉"回来："但我知道你总是有很多有趣的经历，我很愿意多了解一些。"

……

第二章
甜蜜约会，30秒架设零距离接触

推拉技巧不只是约会中展现智慧与吸引力的手段，更是加深情感交流、推动关系发展的有效策略。在这一"推"一"拉"之间，学会倾听与表达，让每一次的互动都成为增进相互理解的机会，共同编织出一段段美好的回忆。这是一种社交的智慧，也是一种生活的艺术，让我们在人际交往中更加从容不迫，游刃有余。

爱情攻略

"推"出距离感，激发好奇心，"拉"近彼此，展现个人魅力，一"推"一"拉"之间拉开了爱情的序幕。

微信扫码
❶ AI贴心闺蜜
❷ 成长必修课
❸ 情商进阶营
❹ 幸福研讨室

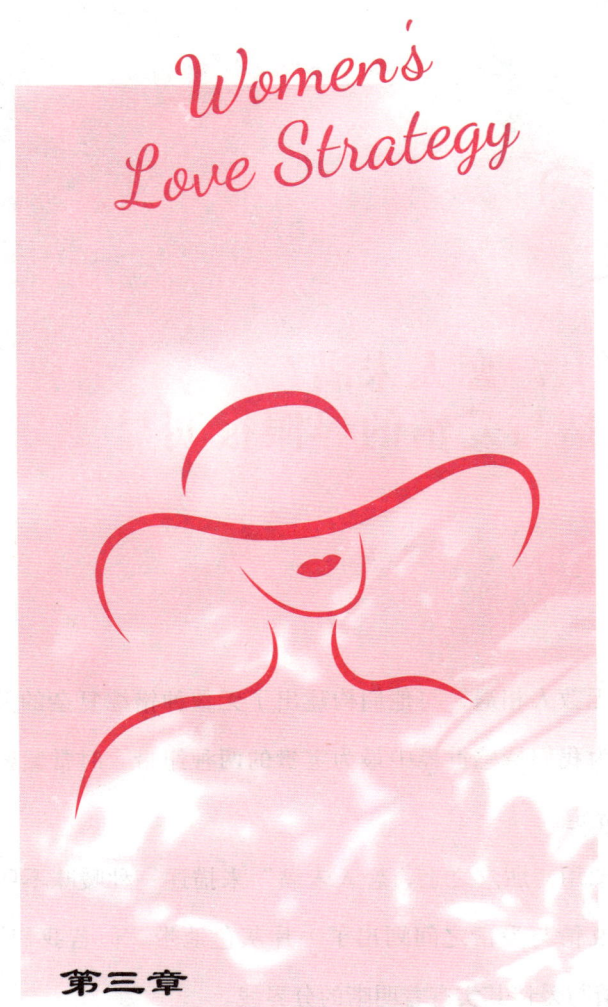

Women's Love Strategy

第三章

暧昧的方向，向左走，还是向右走

暧昧来袭，你是否也曾在爱情的十字路口徘徊不定？是选择勇敢地向左走，踏上那条充满未知与冒险的爱情路径，还是优雅地向右转，选择那条安稳却略显乏味的小径？现在，就让我们一起揭开暧昧的面纱，找到属于你的爱情密码吧！

朋友之上，恋人未满？
其实友情与爱情的界限很明显

我们与无数人相遇，与他们构建出了无数种错综复杂的关系。友情与爱情，作为我们情感世界中最为宝贵的两种纽带，时常紧密交织，让人难以清晰界定。

有人试图用"朋友之上，恋人未满"来描述一种暧昧不明的情感状态，似乎在友情与爱情之间划出了一片灰色地带。但若我们深入思考，便会发现友情与爱情其实有着明晰的分界线。

友情，宛如春日暖阳，给予我们温馨与安宁。在朋友之间，我们可以畅所欲言，分享生活的每一个小片段，一起经历欢笑与泪水。友情的核心在于理解、支持和信任，它不依赖于浪漫或激情，却在平凡中展现出持久的温暖。"海内存知己，天涯若比邻。"真挚的友情能超越时间和空间的限制，一人一生能有三五知己，这一生多幸福呀！

爱情，则如同盛夏烈日，炽热而强烈，带来了激情与渴望。爱情不

第三章
暧昧的方向，向左走，还是向右走

只是心灵的共鸣，更包含了身体上的吸引和情感上的融合。莎士比亚说："爱情不是简单的甜言蜜语，不是轻浮的眼泪，也不是强迫占有，而是建立在深刻理解和共同语言之上的深厚情感。"在爱情的世界中，人们寻求的是情感的专一和相互的承诺。爱情需要浪漫、关怀和呵护，它能够唤起人心中最强烈的情感，让人愿意为所爱之人倾力付出。

在繁忙的都市中，李晨和苏菲是大学时代结下友谊的好友，他们的友情如同老酒，越陈越香。李晨是那种能瞬间点亮聚会气氛的阳光男孩，而苏菲则是那种静静倾听，总能用温柔话语抚慰人心的女孩。他们的关系亲密无间，却始终停留在"朋友之上，恋人未满"的模糊地带。

一次周末聚会，朋友们围坐在篝火旁，有人半开玩笑地问："李晨，苏菲，你们俩啥时候公开恋情啊？"李晨一愣，随即笑了笑，眼神不自觉地瞟向苏菲，却发现她也在看他，两人的目光在火光中交汇，又迅速分开。

聚会结束后，李晨和苏菲漫步在回家的路上，月光洒在他们身上，李晨打破了沉默："苏菲，你觉不觉得，我们……好像比普通朋友更近一些？"苏菲停下脚步，转头看向李晨，眼中闪过一丝复杂："是啊，我也感觉到了。但爱情……不是那么简单。"

李晨挠了挠头，有些尴尬："我就怕，万一我们……你懂的，我怕会失去你这个朋友。"苏菲轻轻笑了笑，拍了拍李晨的肩膀："傻瓜，我们这么多年的友情，哪能说没就没了。"

几天后，李晨邀请苏菲到他家一起做饭。厨房里，两人手忙脚乱，李晨不小心把面粉弄得到处都是，苏菲忍不住笑出声来："看你这手艺，我们今天可能要饿肚子了。"李晨做了个鬼脸:"那不是还有你嘛,大厨苏菲,救救场啊!"两人在笑声中结束了这场"厨艺大比拼"。

晚上,他们坐在阳台上,喝着茶,聊着天。李晨突然认真起来:"苏菲,我们谈谈吧,关于我们的关系。"苏菲点了点头,两人开始了一场深入的对话。

李晨先开口:"我觉得,友情和爱情,界限其实很清晰。友情让我们自在,而爱情……需要更多的承诺。"苏菲深吸了一口气:"我同意。爱情很美,但我们的友情更珍贵,我不想冒险。"

他们决定珍惜现有的友情,不让模糊的感情界限影响长久的关系。他们相信,真挚的友情能超越一切定义,成为彼此生命中不可或缺的部分。

随着时间的流逝,李晨和苏菲的友情更加牢不可破。他们在生活中各自成长,彼此支持,成了对方最坚实的后盾。他们的故事告诉我们,友情与爱情之间的界限,其实一直清晰可见,关键在于我们如何去珍惜和维护。

那么,我们又如何判断自己对某人的感情是友情还是爱情?可以通过深入的自我反思来进行。

首先,要观察自己对这个人的思念程度,如果他们的缺席让你感到生活的不完整,这种感觉可能超出了朋友的范畴。

其次,想象一下未来,设想你和他们在一起的场景,是否能够看到他们作为伴侣的形象,如果这个想法让你感到幸福和满足,那可能是爱情的迹象。

第三章
暧昧的方向，向左走，还是向右走

此外，情感的强度也是一个重要的指标，爱情往往伴随着强烈的情感波动，包括激情和渴望，而友情则更加温和和稳定。同时，注意自己在他们附近时的生理反应，如心跳加速或紧张，这些可能是爱情的身体信号。

还有一种最简单的方法，就是遇到事情时，考虑你愿意与他们分享的内容深度，爱情可能让你更倾向于分享个人的感受和秘密。

最后，在评估你的感情时，也要看看自己是否愿意为这个人作出牺牲。爱情中的牺牲往往更为深远，而友情中的牺牲可能更加有限。嫉妒也是一个信号，如果你对这个人与其他人亲近感到不安，这可能表明你对他们有占有欲，这也是爱情的特征之一。

爱情攻略

> 友情如同皎洁的明月，明亮而温柔；爱情则像炽热的太阳，独特而热烈。两者界限分明，需要我们用智慧去辨识。

如何分辨对方是暖男还是"中央空调"

"暖男",一个充满温情的词汇,用以形容那些以细心、体贴著称,擅长关心和照顾他人的男性。他们的存在,如同冬日里的一缕阳光,温暖而舒适。然而,当这种温暖变得无差别、无节制时,它便可能演变成了所谓的"中央空调",向所有人均匀地散发热量,却失去了那份特别的温度。

这种现象提醒我们,关怀与体贴是每个女人都想要的,但也要注意适度和辨识。真正的温暖,应当是有针对性的,能够洞察他人真正的需要,给予恰当的关照和支持。当"暖男"变得过于泛化,他们的温暖可能会失去其本应有的价值和意义,变得不再珍贵。

我们应当追求的,是一种有深度、有智慧的关怀,它能够识别和尊重个体差异,而不是一种表面的热情,缺乏深度和真诚。在给予温暖时,我们也应该学会倾听和观察,确保我们的关心是恰当的,能够真正触及

第三章
暧昧的方向，向左走，还是向右走

他人的心灵。

一次偶然的机会，右右结识了小董。他总是在她需要帮助的时候出现，脸上挂着和煦的笑容，给予她细心的关照。每当右右遇到难题，小董总是冲在前面，他的体贴让右右感到了前所未有的温馨。

右右渐渐觉得自己可能遇到了大家口中常说的暖男。她沉浸在小董带给她的温馨之中，享受着这份似乎专属于她的关怀。她以为自己找到了一个可以依靠的人，一个愿意为她遮风挡雨的人。

但时间一长，右右开始觉得有些不对劲。小董对她的好，好像并不是那么特别。他似乎对每个人都一样关心，一样体贴。

在公司，小董总是乐于助人，无论是帮忙搬东西，还是解决工作上的难题，他总是不厌其烦。右右原本以为这是因为小董对她有特殊的感情，但现在看来，他对每个人都一样。

一次朋友聚会上，小董对每个人都表现出了同样的关心和热情，无论是老朋友，还是新认识的人。他细心询问每个人的近况，耐心听他们倾诉，给予安慰和建议。右右看着小董这样，心里不禁感到失落。

聚会结束后，右右和小董一起走回家。右右忍不住问："小董，你为什么对每个人都那么好呢？"

小董愣了一下，然后笑着说："嗨，我觉得让大家感到温暖和快乐是我应该做的。"

右右听了，心里更加不是滋味。她停下脚步，认真地看着小董："但是，我希望你对我是最特别的。我希望你能只对我一个人这样好。"

小董听了，显得有些意外。他从没想过这个问题，一直以为自己的好是对所有人的。

他想了想，然后说："右右，我懂你的意思。但我觉得对大家好是很自然的事，我没特意去区分谁更重要。"

右右听了小董的话，心里感到难过。她明白了，小董不是她想要的那种只对她好的暖男，而是一个对所有人都好的人。她深吸了一口气，然后说："小董，谢谢你一直以来的关心。但我想要的是一个能真正懂我、疼我、只对我好的人。你，不是我想找的那个人。"

说完，右右转身离开了，留下小董一个人站在那里。

右右及时结束了这段看似温暖的感情，因为她清楚自己真正需要的不是一个对所有人都好的人，而是能给她专属幸福和温暖的人。小董，只是她人生路上的一个过客，让她更明白自己想要什么样的人。

那么，一个真正的暖男与"中央空调"之间，究竟应该如何界定？

暖男的核心特质在于其真诚与专注。他们对待身边的人，尤其是亲密伴侣，充满关怀和细心。这种关怀并非表面上的客套，而是基于对他人情感的深刻理解和共鸣。暖男愿意倾听、愿意付出，他们的温暖是发自内心的，而非刻意营造的形象。

相比之下，"中央空调"式的男性则往往表现出一种无差别的温暖。他们可能对所有人都一视同仁地好，但这种好却缺乏深度和独特性。在这种模式下，关怀变成了一种机械化的行为，失去了其背后的情感价值。更糟糕的是，"中央空调"有时还可能因为过度泛滥的善意而给他人带来困扰或误解。

要识别这两种类型，可以注意对方是否愿意为你作出牺牲，是否在

第三章
暧昧的方向，向左走，还是向右走

你不在身边时依然想念你，是否对你的生活细节感兴趣，是否在你需要时给予你特别的支持。同时，也可以通过他们对你的关注是否持久稳定，以及是否在你们的关系中投入了情感和精力来判断。

此外，与对方进行深入的交流也是一个好方法。在对话中，可以感受到对方是否真的对你的想法和感受感兴趣，是否愿意了解你的内心世界。如果对方在交流中总是能够给予你深刻的理解和共鸣，那么他们很可能是真心关心你的暖男。如果他们的谈话总是流于表面，或者总是转移话题，避免深入讨论，那么他们可能更像是"中央空调"。

最终，时间是最好的检验者。随着时间的推移，一个人的真实感情和意图会逐渐显现。通过观察和体验，你会逐渐明白对方是真心实意的暖男，还是对所有人都一样的"中央空调"。

爱情攻略

不要轻易被那些"中央空调"式的男子所散发的温暖表象所迷惑，因为真正的温暖源自内心的真挚，而非表面的广泛撒播。要看清他们的真心所在，需细品其行，而非仅听其言。

暧昧别上头，他不一定是真的喜欢

暧昧这种似有若无、若即若离的情感态度，像是一层薄薄的纱，遮住了真相，让人看不清对方的真实心意。主持人何炅也曾说："他和你玩暧昧，就是不够喜欢你。"但是，还是有很多女孩，因为渴望被爱、被关注，而在这层纱下迷失了方向。

如果一个男人和你纠缠不清，无论他是你的客户，还是你认为的"好朋友"，这种没有分寸感的男人，绝对不是真的爱你。

《红与黑》中于连和玛蒂尔达的故事就很好地证明了这一点。木匠的儿子于连，出身卑微，但他却不甘平庸。虽然他已经凭着聪明的头脑跻身贵族行列，但出身仍让他自卑，于是，当侯爵的女儿玛蒂尔达对他表露出几分好感时，他便选择了暧昧，只为利用。

一个男孩如果只选择暧昧的话，那他的目的一定不单纯，或者有利可图，或者可能只是愿意享受这种模糊不清的关系带来的刺激和

第三章
暧昧的方向，向左走，还是向右走

新鲜感。

　　说明白些，他可能只是寂寞了，想找个人陪陪；或者只是享受那种被人喜欢、被人追求的感觉，而并没有真正想要和你发展一段稳定的感情。

　　小雨是聪明又善良的女孩，总是面带温暖的微笑。她的生活一直很平静，直到她遇到了阿杰。

　　阿杰长得很帅，对小雨也是特别关心。他会在课间走过来，递给她一杯奶咖，然后轻声和她聊天，说些让人产生联想的话："小雨，和你聊天真舒服。"或者，"我觉得你特别懂我。"这些话让小雨心里起了波澜。

　　在朋友圈里，阿杰总是给小雨的动态点赞评论，偶尔还会发一些让人想入非非的文字，比如："今天的阳光真暖，就像你的笑容。"这让小雨觉得阿杰可能对她有意思。

　　阿杰还在朋友面前夸小雨，说些让人误会的话："小雨，你越来越有魅力了，我都快要被你迷住了。"朋友们开玩笑叫小雨"小嫂子"，阿杰也不否认，这让小雨成了大家关注的中心，她的心也跳得更快了。

　　时间一长，小雨发现自己越来越依赖阿杰。她开始期待他的信息，他的点赞，他的每一个小动作。她觉得自己已经陷入了阿杰的暧昧之中，无法自拔。

　　但现实总是残酷的。有一天，小雨无意中听到阿杰和另一个女孩的对话，里面充满了和她经历过的一样的暧昧和暗示。小雨原以为阿杰只是花心，自己遇到了情敌，直到她看到阿杰和那个女孩的朋友圈合照，她才突然醒悟，原来自己才是局外人。

小雨不甘心，找到阿杰质问："阿杰，我一直以为你对我有意思，原来你有女朋友？"

阿杰愣了一下，没想到小雨会这么直接。他犹豫了一会儿，然后轻声说："小雨，我对你是有好感，但这和我有女朋友有什么关系？你不是也挺享受我们之间的暧昧吗？"

听到阿杰的回答，小雨的心沉了下去。她原以为阿杰是特别的，没想到自己只是他暧昧游戏的一部分。她决定离开这个让她伤心的男孩，重新找回自己的生活。

经过一段时间的调整，小雨终于走出了暧昧的阴影。她学会了更加谨慎地对待感情，不再轻易被甜言蜜语和浪漫所迷惑。真正的喜欢，不会只停留在暧昧上。而那个曾经让她心动的男孩，也不过是她成长路上的一个过客。

女孩们，面对暧昧别上头。不要因为一时的甜蜜和浪漫就轻易地陷入暧昧的漩涡中。你需要保持清醒的头脑，用理智去分析对方的行为和言语。他是否真的关心你？他是否愿意为你付出？他是否在你需要的时候出现在你身边？这些都是衡量他是否真的喜欢你的重要标准。

同时，女孩们也需要学会保护自己。在那种纠缠不清的、忽冷忽热的暧昧的关系中，你很容易受到伤害。因为对方并没有明确地表达他的心意，所以你可能会一直处于一种不确定和等待的状态中。这种状态会让你感到焦虑、不安和失落，舍不得结束暧昧，受折磨的只有你自己。

第三章
暧昧的方向，向左走，还是向右走

因此，当你发现对方只是在和你玩暧昧时，你要勇敢地站出来，告诉他你的感受，并果断地结束这段不明朗的关系。

爱情攻略

别让暧昧的迷雾蒙蔽了双眼，真爱需要明确的表达和坚定的承诺。暧昧如同虚幻的雾霭，虽诱人却非长久之情，唯有真诚相待，才能获得真情。

女人爱情全攻略 Women's Love Strategy

打破暧昧，主动捅破那层"窗户纸"

郭敬明说："暧昧让人受委屈，找不到相爱的证据，连拥抱都没勇气。"在情感的世界里，暧昧往往会模糊关系的界限，让人捉摸不透对方的真实心意。尤其是对于女孩来说，这种患得患失的无力感终会伤了自己。

如果一个男孩对你有好感，他一定舍不得只是暧昧；如果一个男孩只与你暧昧，那他不是没有爱你的勇气，就是只能与你保持这种关系。因此，当你发现他对你暧昧，不妨试着直接告诉他你的感受，看他是否愿意给你一个明确的回应，这样不仅可以让你更加了解自己的心意，也可以让对方更加明确你的态度。

在数字世界里，小雨和阿杰的相识像是一场精心编排的偶遇。

他们在一个流行的社交平台上相遇，发现彼此有着说不完的话题。从日常琐事到深夜的心灵对话，他们在网络上建立了一种特别的联系。

第三章
暧昧的方向，向左走，还是向右走

起初，小雨很享受这种交流，但随着时间的流逝，她开始感到困惑和挣扎。阿杰的信息总是那么贴心，他的点赞和表情总是让小雨感到被关注，但他从不谈及他们关系的实质。小雨的心情开始起伏不定，她不确定自己是不是只是阿杰众多网友中的一个。

一天晚上，小雨终于忍不住，给阿杰发了一条信息："阿杰，我们聊了这么久，我真的很开心。但我很想知道，我们这算是什么关系？你对我有什么感觉？"

阿杰的回复很快，内容却让小雨感到失望："小雨，和你聊天真的很愉快，我不想破坏这种美好的感觉。我们现在这样不是很好吗？"

小雨心里一沉，但她没有放弃，再次尝试："我不是说聊天不开心，但我需要的不只是愉快。我想要的是更明确的东西，你明白吗？"

阿杰这次回复得慢了一些："小雨，我不想给你错误的期待。我喜欢我们现在的关系，但我还没准备好进一步。"

小雨感到一阵心痛，但她仍然坚持："阿杰，我不想只是暧昧。我需要知道，你是否想过我们能成为更进一步的关系？"

阿杰的回复让小雨彻底清醒："小雨，我很抱歉，我现在真的没准备好。我喜欢我们的交流，但我害怕承诺。"

这次对话后，小雨经历了一段时间的挣扎。她反思自己真正想要的是什么，最终她明白了，她需要的不是一个害怕承诺的人，而是一个愿意和她一起成长、共同面对生活挑战的伴侣。

小雨决定放手，她给阿杰发了最后一条信息："阿杰，我想我明白了。我值得一个愿意给我明确答案和承诺的人。感谢我们有过的美好时光，但我不能再这样下去了。祝你一切顺利。"

小雨退出了聊天，虽然心里有些难过，但她感到一种前所未有的坚定和清晰。她开始专注于自己的成长，投入工作和个人兴趣中。慢慢地，她发现自己的生活可以更加丰富多彩。

当你想要打破与某人之间的暧昧关系，直接而诚恳的对话至关重要。你可以这样开启谈话："我最近一直在思考我们之间的关系，我发现我们似乎陷入了一种暧昧的状态，这让我感到有些困惑。"接下来，你可以询问对方的感受："我对你的感觉是认真的，我很好奇，你对我们的关系有什么看法？"

同时，表达自己对清晰关系界限的需要也很重要："我希望我们的关系能够更明确一些，我不太喜欢现在这种不确定的感觉。"

而且，不要害怕直接询问对方的意图："我注意到我们之间有很多暗示，但我真心想知道你的真正意图是什么？"如果你觉得需要，也可以明确地设定界限："如果我们的关系不能进一步发展，我觉得我们需要保持一定的距离，这样我才能更好地保护自己的感情。"

在谈话中表明自己的立场也很关键："我真正想要的是一段双方都有明确承诺的关系，我希望你能理解这一点。"通过这样的对话，你不仅能够清楚地表达自己的感受和需求，也能够鼓励对方做同样的事，这种开放和诚实的交流是解决暧昧关系和迈向更清晰关系的关键。

第三章
暧昧的方向,向左走,还是向右走

爱情攻略

> 与他开启一次建设性的对话,不必去争执,而是要有效地沟通,你可以更清楚地了解对方的感受和意图,从而决定你们关系的未来方向。

只暧昧，不表白，是爱吗？

爱情很复杂，当你对一个人有了关心、尊重、信任以及愿意为对方付出等情感的时候，那多半是爱情来了。而表白，作为爱情的一种重要表达方式，是两人走进相恋的第一步，它不仅仅是对情感的确认，更是对对方的一种承诺和责任。

假如，当一个人选择只暧昧而不表白时，那只能说爱得没有那么深，爱情也没有真正开始。真正的爱情需要勇气和担当，需要双方坦诚相待，共同面对未来的挑战和困难。如果一个人只愿意停留在暧昧的层面，而不愿意进一步表达和发展情感，那么这很可能代表他只想停留在一种短暂的吸引或者游戏之中。

男孩叫林逸，女孩叫苏晴。林逸是那种在人群里一眼就能被认出来的男孩，他的笑容温暖，眼神不羁；而苏晴则是个温婉的女孩，很温柔，也很可爱。

第三章
暧昧的方向，向左走，还是向右走

两人在图书馆的一次偶遇后，林逸就开始对苏晴展开了追求。他总是找各种借口出现在苏晴自习的地方，有时送她一本她提过的书，有时是一份自己做的小点心。苏晴每次抬头，总能撞见林逸带着笑意的眼神，好像在说："我在这，只为你。"

林逸的关心不止于此。他会不经意间拍拍苏晴的头，或是在她耳边说些悄悄话，分享一些小秘密，让苏晴心跳加速。他在人前对苏晴特别照顾，但又总在关键时刻保持距离，让苏晴摸不透他的心思。

苏晴开始感到矛盾。她喜欢林逸给她的温暖和关注，但这份没说出口的感情让她不安。她想从林逸的行为中找答案，但林逸总是巧妙地避开这个话题。

每当苏晴想表白，林逸就会转移话题。这让苏晴怀疑，林逸真的喜欢她吗？还是只是喜欢这种暧昧的感觉？

终于，苏晴决定不再等待。她约林逸到校园的小湖边，想要问个明白。月光下，两人的影子拉得很长，苏晴的心跳得厉害。她深吸一口气，直视林逸的眼睛，问："林逸，你对我是喜欢，还是只是习惯了这种暧昧？"

林逸愣了一下，眼中闪过复杂的情绪。他缓缓开口，声音认真："苏晴，我其实一直在害怕，怕一说出口，一切就变了。但我现在明白，真爱需要勇气。我喜欢你，很久了，只是一直不敢说。"

那一刻，苏晴感到心里被温暖填满。她明白，不是所有爱都要急于表白，但真诚和勇气，永远是最动人的。

在月光的见证下，两颗心终于靠近了。他们明白，爱不只是言语，更是行动和心灵的契合。而林逸的坦白,也让苏晴懂得,真正的爱情,包含了真诚、勇气与承诺。

暧昧有时候让人心里七上八下的,如果你想要挑明关系,就得用点心思。比如,在一次愉快的晚上散步时,你可以轻松地跟他说:"咱们现在这样挺开心的,不过我想让咱们的关系能更进一步,这样我心里更踏实。"

或者,在你们俩聊天聊得投机的时候,你可以顺势引入话题:"我觉得两个人在一起,最重要的就是清楚明白。咱们是不是也该聊聊咱们现在算什么关系?"

如果你想通过行动来表达,可以在告别的时候给他一个拥抱,或者在看电影的时候自然而然地拉起他的手。这些小小的身体接触,能让他感受到你对建立更深层次关系的愿望。

如果你觉得直接说出来更合适,那就找个合适的时机,比如在一间安静的咖啡馆里,直接跟他说:"我发现自己对你的感情越来越深了,我希望我们能正式成为男女朋友。"

上面的方式都可以让暧昧向前推进一步,如果男孩借此机会表白,那么便会收获爱情;如果男孩仍左右闪躲,那么这种暧昧就该立刻结束。

主持人何炅说过:"一个男人喜欢一个人,从眼睛就看得出来,他恨不得拴住你,怎么会忽冷忽热、忽退忽进?是,好感肯定有,总要他看着你顺眼才和你暧昧。所以,对与你暧昧的男人一定不要多情,就算他天天给你发短信,逛街,看电影,甚至你们亲过、抱过,也代表不了什么。"

第三章
暧昧的方向，向左走，还是向右走

跨越暧昧的边界，是一条自我成长和情感成熟的道路，不可逃避、不可退缩。

爱情攻略

> 爱情不是一场猜谜游戏，而是两颗心真诚相待、勇敢相守的壮丽诗篇。

他不过来，
你也不要急着过去

爱情，本应是两颗心灵的自然吸引与靠近，而不是一方急切追逐与另一方的逃避。当一位女孩发现，她心仪的对象并没有主动向她靠近时，这就是一个值得深思的信号。

它可能意味着，对方还在探索自己的心意，或是两人之间的情感节奏并不完全同步。在这样的时刻，女孩若急于"过去"主动拉近距离，就会打破这种微妙的平衡，使这种关系发展失去自然的韵味，甚至可能给对方带来不必要的压力或误解。

当遇到对方不主动的情况，女孩应该学会先审视自己，关注自己的成长与幸福，利用这段时间来提升自我。无论是学识、技能还是心灵的成熟，都是对未来任何关系最好的准备。更重要的是，女孩们要珍视自己的价值与感受，爱情不应是生活中的唯一追求，更不应成为自我价值的衡量标准。

第三章
暧昧的方向，向左走，还是向右走

小蒋是那种在人群中也能轻易吸引目光的男孩，他有着温暖的笑容和不羁的眼神，总能让人心动。而苏婉，则是温婉如水的女孩，她的笑容仿佛春日里最温柔的风，能瞬间吹散所有的烦恼。

自从一次总公司会议相遇后，小蒋便与苏婉陷入暧昧之中。他总是能找到各种理由出现在苏婉的公司里，或是送上早点，或是送上一份精心准备的小点心。

然而，小蒋却从未真正表白过。他总是与苏婉保持着一定的距离，既不过分亲近，也不完全疏远。这种暧昧的状态让苏婉感到既甜蜜又困惑。

一天，苏婉终于鼓起勇气，决定找小蒋问个明白。她找到小蒋，看着他那双深邃的眼睛，轻声问道："小蒋，你对我到底是什么感觉？是喜欢，还是只是习惯这样暧昧不明？"

小蒋愣了一下，眼中闪过一丝复杂的情绪。他嘴角勾起一抹微笑，却并未直接回答："苏婉，你何必这么急呢？我们现在这样不是很好吗？"

苏婉明白小蒋的意思，但因他不愿给自己一个明确的答案而感到一阵心痛。她咬紧牙关，决定不再等待，而是要主动追求自己的幸福。

于是，苏婉开始更加主动地出现在小蒋的面前，找他聊天，约他一起看电影。她的勇敢和真诚让小蒋感到有些意外，也有些动容。他开始更加关注苏婉，与她分享更多的心事和秘密。

然而，随着时间的推移，苏婉渐渐发现，小蒋似乎并不是真的爱自己。他虽然享受着与她的暧昧和亲近，但却从未真正表达过对她的爱意。苏婉开始感到心痛和失望，她意识到，自己可能只是小蒋生活中的一个过客。

一天晚上，苏婉约小蒋到公园的小湖边散步。月光下，两人的影子被拉得长长的。苏婉深吸一口气，看着小蒋的眼睛，坚定地说道："小蒋，我喜欢你，很久很久了。但是，我需要一个明确的答案，你到底喜不喜欢我？"

小蒋愣住了，他看着苏婉那双充满期待的眼睛，却发现自己无法说出那句"我也喜欢你"。他沉默了一会儿，最终缓缓开口："苏婉，对不起。我一直都很享受和你的暧昧时光，但我从未真正想过要和你在一起。"

苏婉听到这句话，心如刀割。她强忍着泪水，看着小蒋那张曾经让她心动的脸庞，现在却变得如此陌生。她明白，自己该放手了。

"小蒋，我明白了。谢谢你让我看清了自己的心。但是，我也需要为自己的幸福考虑了。"苏婉说完这句话，转身离开了小湖边。

她的背影在月光的照耀下显得如此孤独而坚定。

在爱情的广阔舞台上，每一个细微的动作与情感的流转都如同精心编排的舞步，共同编织着一段段动人心弦的故事。

在这样的舞台上，保持一份难能可贵的优雅与耐心，不急于求成，不盲目追逐，让情感的河流自然地流淌，悠悠地汇聚，才是最为动人的姿态。这不仅是对自我情感的尊重，也是对对方感受的深刻理解与体贴。

真正的爱情，绝非一场急促的冲刺，而是一场漫长的旅行。它往往发生在两个成熟、独立的个体之间，他们各自精彩，又相互吸引。他们懂得，爱情不是简单地占有或靠近，而是两颗心灵在相互尊重与理解的基础上，以最适合自己的节奏，缓缓向对方走去。在这个过程中，每

第三章
暧昧的方向，向左走，还是向右走

一步都充满了意义，每一次对视都饱含深情，每一次牵手都是对未来的期许。

当两颗心以这样的方式靠近，时间仿佛变得柔软而漫长，允许每一个细微的情感变化都被细心捕捉与珍惜。这样的爱情，不急不躁，却能在平凡中绽放出最耀眼的光芒，成为人生旅途中最美的风景。

爱情攻略

> 如果他不过来，你也无需急着过去，因为最好的爱情，值得你耐心等待，以最美的姿态迎接它的到来。

微信扫码
1. AI贴心闺蜜
2. 成长必修课
3. 情商进阶营
4. 幸福研讨室

第四章
选择障碍，甲之蜜糖，乙之砒霜

你是不是常常陷入这样的困境：面对琳琅满目的选项，就像站在甜品店前，既想尝尝那块诱人的巧克力蛋糕，又舍不得放弃那杯冰凉的抹茶冰淇淋？然而，蛋糕和冰淇淋可以兼得，但爱情路上的选择却只能有唯一答案。那么，站在爱情的岔路口，你又会如何选择呢？

你爱的与爱你的，你选哪个？

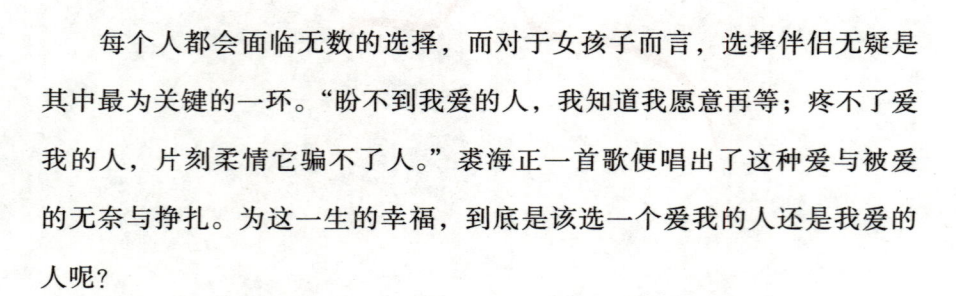

每个人都会面临无数的选择，而对于女孩子而言，选择伴侣无疑是其中最为关键的一环。"盼不到我爱的人，我知道我愿意再等；疼不了爱我的人，片刻柔情它骗不了人。"裘海正一首歌便唱出了这种爱与被爱的无奈与挣扎。为这一生的幸福，到底是该选一个爱我的人还是我爱的人呢？

女孩的梦幻世界中无数次地描绘过童话般的爱情画卷。在那里，王子与公主手牵手，步入永恒的幸福殿堂。于是，她们不遗余力地追寻着心中的白马王子，坚信与他共度此生，便无憾无悔。

然而，童话的结尾只描绘了王子与公主牵了手，真实的幸福生活究竟是何模样呢？当婚后的生活揭开面纱，她们愕然发现，曾经的王子似乎变成了平凡的青蛙，而自己也厌倦了永远扮演温柔公主的角色。这时，她们才恍然大悟，自己同样渴望被爱与呵护。于是，抱怨与委屈如潮水

第四章

选择障碍，甲之蜜糖，乙之砒霜

般涌来，淹没了曾经的憧憬。

当然，也有女孩坚信，嫁给一个深爱自己的男人，便能收获一生的幸福。但是，现实的婚姻生活也并不如想象般幸福。日子充满了琐碎与平淡，两个人都需要面对"审美疲劳"的挑战，努力守护那份不易察觉的幸福火花，不让它在生活的磨砺中渐渐熄灭。若一方始终默默付出，而另一方只是坐享其成，那么，这份爱终将因失衡而疲惫不堪。婚姻中，若缺乏相等的付出与回报，便难以携手共度风雨，更难拥有天长地久的爱情。

林悠是一个聪明、善良的女孩，拥有着一双仿佛能看透人心的眼睛。原本她的生活平淡无奇，但不知道上天要给她什么考验，一直未遇到爱情的她，却同时遇到了两个特别的男孩——李正和刘飞。

李正是一个稳重、细心的男孩，他总是能在林悠需要的时候及时出现，给予她最坚实的依靠。他的笑容温暖而真诚，仿佛能驱散林悠心中的所有阴霾。每当林悠遇到困难或烦恼时，李正总是耐心地倾听，给予她最贴心的建议和鼓励。他的存在，让林悠感受到了前所未有的安心和温暖。

而刘飞则是一个热情、有才华的男孩，他的出现总是能让林悠的心跳加速。他们有着共同的爱好和兴趣，每次在一起总是充满了欢声笑语。刘飞的浪漫和冲动，让林悠感受到了爱情的激情。她发现自己越来越容易被刘飞所吸引，无法自拔。

面对两个如此优秀的男孩，林悠陷入了深深的犹豫之中。她不知道该如何选择，因为两个男孩都给她带来了不同的幸福感受。李正很爱她，给了她安稳和依靠，而她对刘飞很心动，因为他可以给她激情和浪漫。她害怕自己的选择会伤害到其中一个男孩，也害怕自己会错过真正的幸福。

林悠的犹豫和纠结被她的好友苏晴看在眼里。苏晴是一个直率而聪明的女孩，她决定帮助林悠理清思绪。她告诉林悠，爱情不是选择题，而是内心的感受。她让林悠静下心来，认真思考自己到底想要什么样的爱情和生活。

经过一番深思熟虑，林悠终于明白了自己的内心。她意识到，虽然两个男孩都很优秀，但她真正想要的是那份平静而深沉的幸福。她渴望的是一个能够与她携手共度风雨，给予她安稳和依靠的伴侣。而这个人，就是李正。

当林悠向李正表明自己的心意时，他露出了惊喜而感动的笑容。他紧紧握住林悠的手，告诉她自己也一直在等待她的答案。他们的爱情，在这一刻得到了最美好的回应。

虽然，林悠见到刘飞后依然会心动，但那种心动已经没有爱的成分，因为她找到最美好的爱情了。

林悠选择了那个爱她的人，她觉得很幸福，或者还有一些女孩一定要选择那个她爱的人，因为她爱，所以才会幸福。那么，面对你爱的与爱你的，女孩子究竟应该如何选择呢？

我们需要明确的是，爱情并不是一场简单的选择题。它涉及情感、理智、价值观等多个层面。因此，在作出选择之前，我们需要深入地了解自己内心的真实感受和需求。

第四章
选择障碍，甲之蜜糖，乙之砒霜

在面对这两种爱时，我们需要做的并不是简单地权衡利弊，而是深入思考自己内心的真实需求。我们需要问自己：我真正想要的是什么？是那份安稳和温馨，还是那份激情和冒险？我愿意为了这份爱付出什么？我又能否在这份爱中找到真正的自我？

最终的选择，应该是基于我们内心的真实感受和需求而作出的。无论我们选择爱自己的人还是自己深爱的人，最重要的是要确保这份选择能让我们感到幸福和满足。因为在这个世界上，没有什么比自己的幸福更为重要。

同时，我们也要明白，爱情并不是一成不变的。它需要我们不断地去经营、去呵护。无论我们作出何种选择，都需要用心去感受、去珍惜这份来之不易的爱情。因为，只有当我们真正懂得如何去爱和被爱时，我们才能找到生命中最珍贵的宝藏——那就是属于自己的、独一无二的幸福与满足。

爱情攻略

> 无论我们选择爱自己的人还是自己深爱的人，最重要的是要确保这份选择能让我们感到幸福和满足。

三观不合，何谈爱情？

在爱情浪漫的背后，有一个常常被忽略却又至关重要的前提——三观相合。试想，如果两个人在基本的世界观、人生观、价值观上南辕北辙，那么，这场爱情的旅程，恐怕就会像是一场没有终点的马拉松，疲惫不堪，还找不到方向。

三观，就像是爱情的导航仪。想象一下，你是一位勇敢的航海家，准备扬帆远航，探索未知的海洋。在出发前，你最需要的是什么？没错，是一张精准的航海图和一个可靠的指南针。在爱情中，三观就扮演着这样的角色。

李晓楠和苏阳，一个学文，一个学理，他们在一起仿佛是文科与理科的完美交融，让周围的人都十分羡慕。

但是，随着时间的推移，当恋爱的甜蜜逐渐褪去，生活的琐碎开始浮出水面，李晓楠发现，她与苏阳之间的三观差异，如同一条难以逾越

第四章

选择障碍，甲之蜜糖，乙之砒霜

的鸿沟，横亘在他们之间。

李晓楠对知识的追求和对个人成长的重视，与苏阳"活在当下、及时行乐"的生活态度形成了鲜明的对比。每当李晓楠提议周末一起去图书馆学习或参加学术讲座时，苏阳总是以"人生苦短，应及时享乐"为由，拉着她去逛街或是参加派对。

李晓楠看着苏阳那无所谓的神情，心中涌起一股无奈。她开始意识到，两人在生活态度上的分歧，远比她想象得要大得多。

更让李晓楠难以忍受的是，她是一个环保意识很强的人，倡导简约生活，反对浪费。而苏阳却常常大手大脚，不仅用餐时剩菜剩饭从不打包，还经常购买不必要的电子产品，只为追求一时的新鲜感。

李晓楠曾多次尝试与苏阳沟通，希望他能更加珍惜资源，但苏阳却总是以一副不以为意的表情回应她："你这是小题大做，太老土了。"

当李晓楠与苏阳的家庭有了更多的接触后，她发现苏阳家庭的三观也与她格格不入。苏阳的父母认为，婚姻就是一场交易，女方应该承担更多的家务和育儿责任，而男方则应以事业为重。

在一次家庭聚会中，苏阳的母亲甚至当着李晓楠的面，对苏阳说："以后找老婆，得找个能干的，这样你才能安心工作。"这番话让李晓楠如鲠在喉，她看着苏阳那无动于衷的表情，心中涌起一股难以言喻的失望。她意识到，这样的家庭观念，是她无论如何也无法接受的。

经过深思熟虑，李晓楠决定，尽管这段恋情曾给她带来过快乐，但为了自己的幸福和未来，她果断选择分手。

女人爱情全攻略

当两个人的三观高度契合时，就像航海家手握精准的航海图和可靠的指南针，能够始终朝着共同的梦想彼岸前进。爱情的小船在这样的指引下，自然能乘风破浪，就算遇到狂风巨浪，也能手牵手、心连心，一起抵挡风雨。因为他们知道，在人海中相遇是多么幸运和珍贵，对方不仅是爱人，更是最坚实的后盾，是心灵深处的共鸣与理解。

但要是三观不合，那就像两艘船，虽然同在一片海上，却各走各的路。刚开始可能因为好奇和新鲜而靠近，但时间一长，没有共同的语言和追求，慢慢地就越走越远，直到消失在彼此的视线里。

尽管徐志摩对林徽因深情款款，甚至为了她不惜与发妻张幼仪离婚，但林徽因最终选择了与梁思成结婚。其中的原因之一便是两人三观的不合。林徽因清醒地认识到，徐志摩的爱更多是基于诗人的浪漫想象，而非对她自己的理解和接纳。此外，林徽因对婚姻有着更为现实和理智的看法，她追求的是能够共度一生的伴侣，而非短暂的激情与浪漫。

总之，爱情不仅仅是激情与浪漫的碰撞，更是两个灵魂的深度对话与共鸣。它要求我们在相遇之初，就勇敢地去探索、去理解、去接纳对方的世界观、人生观、价值观，寻找那份难能可贵的契合与共鸣。唯有如此，爱情才能如同那永恒的星辰，照亮彼此的生命，共同书写属于两人的美丽篇章。

第四章

选择障碍，甲之蜜糖，乙之砒霜

爱情攻略

> 心动带来的是荷尔蒙的攀升，而不是理念的契合，如果彼此没有相同的信念，那么爱情到最后也会被消磨殆尽。

喜欢的还是合适的，你得拎得清

在人生的奇妙旅途中，我们就像探险家，会邂逅各种奇人异士，有的人像是璀璨的烟火，让我们一眼就心动不已；有的人则如同温暖的港湾，让我们感到无比安心。

面对这些形形色色的人，我们心里常常有个小问号：是该追随心动的烟火，还是停靠安心的港湾呢？这个问题，看似简单，其实里面藏着深奥的哲理和人生的大智慧！

首先搞清楚"喜欢"和"合适"的区别是很重要的。喜欢，就像是突如其来的心动风暴，是对某人或某事的超级好感，可能因为对方的一个微笑、一种性格、一身才华……而合适呢，它更像是一位理智的导航员，考虑的是两个人在价值观、生活习惯、人生目标上是不是能像齿轮一样咬合，一起经历风雨无阻。

在现实生活中，我们常常被心动的烟火吸引，像追逐彩虹的孩童，

第四章
选择障碍，甲之蜜糖，乙之砒霜

去追求那个让自己心跳加速的人。这种追求，美得就像童话里的糖果屋，充满了甜蜜和激情。但是，当烟火散去，现实的雨点打下来时，我们才恍然大悟：原来，仅仅靠心动是撑不起一段关系的天空的。

而合适，并不意味着爱情的缺席。相反，它可能是一种更深沉、更持久的爱情。因为合适，两个人能像老朋友一样相互理解、相互扶持，在生活的每一个小浪花里积累起深厚的情谊。这种感情，虽然少了初见时的心动震撼，但却像一壶陈年老茶，越品越醇厚，回味无穷。

林浅和江浩携手步入了婚姻的殿堂。他们的婚礼没有选择在豪华的酒店，而是在一家温馨而别致的小餐馆，场面虽不张扬，却洋溢着满满的幸福气息。林浅的心中充满了满足与喜悦，因为她知道，自己终于找到了那个愿意与之共度一生的伴侣。

在遇到江浩之前，林浅曾有过一段刻骨铭心的恋情。那时的她，被对方的才华和激情所吸引，但随着时间的推移，她发现两人在生活习惯、价值观以及未来规划上存在着巨大的差异。林浅渴望稳定和安定的生活，而对方却热衷于冒险和变动。这种不合适让他们的关系逐渐变得紧张，最终选择了分手。

与江浩的相遇，让林浅感受到了前所未有的安心和舒适。他们有着相似的生活习惯和价值观，对未来的规划也高度契合。他们都喜欢平静而温馨的生活，注重家庭的温暖和亲情的陪伴。在江浩身边，林浅感到自己可以毫无保留地展现真实的自我，无需刻意改变或迎合。

婚礼筹备期间，林浅与江浩和所有沉浸在爱河中的情侣一样，亲力亲为地规划着他们的小家。他们穿梭于小城的各个角落，从家具城到小商品市场，每一台家电、每一件家具，甚至是每一个装饰品，都是他们精心挑选，只为打造一个属于两人的温馨小窝。他们的眼神中闪烁着对未来的无限憧憬，就像不知疲倦的春燕，忙碌而快乐地筑造着自己的爱巢。

婚后，林浅和江浩虽然各自在职场上奋斗，但他们也不忘为家庭倾注心血。

虽然江浩不是林浅最初心动的那个人，但他们的性格、生活习惯、价值观却出奇地契合。他们很少因为琐事争吵，总是能够相互理解和包容。随着一个活泼可爱的女儿降临，这个小家更是充满了欢声笑语。

十年如白驹过隙。林浅和江浩已从青涩走向成熟，岁月在他们的脸上留下了淡淡的痕迹，但那份对生活的热爱，对彼此的呵护与关爱，却从未改变。女儿渐渐成长，一家人常常在假期里一同出游，手牵手漫步在风景中，幸福的日子就这样悄悄流逝。

在他们的世界里，没有华丽的誓言，只有日复一日的陪伴与守护。林浅和江浩的故事证明了，真正的幸福不在于最初的心动和激情，而在于两个人是否合适，能否携手共度生活的点点滴滴。

如果你追求的是一段充满激情、不顾一切的爱情，那么你可以选择那个让你心动的人。但你要明白，这样的爱情可能充满了不确定性和挑战，你需要有足够的勇气和决心去面对可能出现的各种问题。

如果你追求的是一段稳定、持久的关系，那么你应该选择那个合适的人。与合适的人在一起，你可能会感到更加安心和舒适，因为你们之间有着更多的共同点和默契。这样的关系可能缺乏一些激情，但它却能够给你带来长久的幸福和满足。

第四章
选择障碍，甲之蜜糖，乙之砒霜

当然，最好的情况是你能够找到一个既让你心动又合适的人。但这样的机会并不是每个人都能遇到的。因此，在大多数情况下，我们需要学会在喜欢和合适之间作出权衡和选择。

在作出选择的过程中，我们还需要考虑一些其他的因素。比如，我们的人生经历会对我们的选择产生重要的影响。在年轻的时候，我们可能更加倾向选择那个让自己心动的人，因为那个时候我们充满了激情和梦想。但随着年龄的增长和经历的积累，我们可能会更加看重合适和稳定。

另外，我们还需要考虑自己的价值观和生活方式。如果我们与某个人在价值观和生活方式上有着严重的冲突，那么即使我们再喜欢，也很难建立起一段稳定的关系，因为这样的关系会让我们感到疲惫和不安。

总之，无论我们选择喜欢的人还是合适的人，都需要勇敢地承担选择带来的后果。面对这些不同的人，我们需要拎得清自己的内心需求和人生目标。只有这样，我们才能作出最符合自己利益的选择，找到那个能够陪伴我们走过人生风风雨雨的人。

爱情攻略

> 无论在爱情中作出什么样的选择，都取决于我们每个人的内心需求和人生目标。但无论我们选择哪种道路，都需要勇敢地面对自己的选择，并珍惜每一段来之不易的感情。

爱的语言VS爱的行动

爱，就像是一场永无止境的盛宴，每个人都是这场盛宴上的厨师兼食客。我们用心烹调着爱的佳肴，同时也期待着品尝来自他人的美味。在这场盛宴中，"爱的语言"与"爱的行动"就像是两道必不可少的招牌菜，它们各自散发着独特的魅力，吸引着无数食客。

爱的语言就像是那些精美的甜点，外面裹着一层诱人的糖衣，轻轻一舔，甜蜜瞬间融化在舌尖，直击心灵深处。它可以是晨曦中的一句"早安"，温柔得像第一缕阳光，悄悄驱散睡意的阴霾；也可以是夜晚归家时的一句"你回来了"，简单却满载着归属感与安心。爱的语言，是情感的调味剂，它不需要华丽辞藻，往往是最朴素的话语，最能触动人心。

但你知道吗？甜点虽好，却不能当饭吃。爱的语言虽能瞬间温暖人心，却也需要实际行动的支撑，否则，再甜美的语言也可能变得空洞无力，如同没有馅料的糖果，外表光鲜，内里却缺乏真正的滋养。

第四章

选择障碍，甲之蜜糖，乙之砒霜

小杰是个浪漫主义者，他擅长用甜言蜜语编织爱的梦幻。每天，他都会对小雅说上无数遍"我爱你"。

小雅被这份浓烈的爱意深深打动，她觉得自己就像是童话里的公主，被甜蜜的爱情包围着。

随着时间的推移，小雅开始察觉到，小杰的"我爱你"似乎只停留在口头上。每当她需要帮助时，小杰总是忙于自己的事务，很少真正为她做些什么。

一天，小雅因为工作的事情心情烦躁，她眉头紧锁，希望得到小杰的安慰。而小杰只是轻描淡写地说了一句："我爱你，别烦了。"然后继续玩他的游戏。

小雅的心中渐渐生出了一丝疑惑，她看着小杰专注游戏的背影，轻声问道："你的爱，就只是说说而已吗？"

与此同时，小雅注意到了另一个默默无闻的身影——她的好友阿明。阿明并不擅长言辞，他很少对小雅说"我爱你"，但他的每一个行动都充满了深深的爱意。每当小雅遇到困难，阿明总是第一个出现在她身边，默默地为她解决问题。

有一天，小雅因为加班晚了，外面还下起了大雨，她正愁怎么回家，阿明突然出现在公司门口，手里拿着一把伞，微笑着对她说："我路过，顺便接你。"虽然只是简单的一句话，但他的眼神里充满了关切和温暖。他的爱，就像是一块看似普通，实则越嚼越香的面包，虽然不华丽，但却让人心生暖意，能感受到实实在在的安全感。

久而久之，小雅渐渐明白，真正的爱情不仅仅是口头上的甜言蜜语，更是行动上的关怀和付出。她渐渐地对阿明产生了深厚的感情，因为他用实际行动证明了自己的爱。

终于有一天，小雅鼓起勇气向阿明表明了自己的心意。她看着阿明，认真地说："我发现，你虽然不常说'我爱你'，但你的每一个行动都让我感受到你的爱。我想，这才是真正的爱情。"阿明听后，脸上露出了憨厚的笑容，他轻轻地握住了小雅的手，说："我会学说'我爱你'，也会一直都在这里，只要你需要。"

最终，小雅作出了选择。她离开了只会说"我爱你"的小杰，选择了与不善言辞却总能默默付出的阿明在一起。

小杰的甜言蜜语，如同绚烂的烟火，短暂而热烈，让人沉醉。然而，当生活的琐碎和挑战接踵而至，这些美丽的言辞却显得苍白无力，无法满足小雅内心对真正关怀和温暖的渴望。

相比之下，阿明的付出，更像是一股细水长流的力量。他虽不善言辞，但总能在小雅需要的时候默默出现，用行动诠释着爱的真谛。这种爱，虽不张扬，却如陈年佳酿，越品越醇厚，让人心生暖意，感受到实实在在的安全感。

真正的爱情，其深度与广度远远超越了口头上的甜言蜜语。它是一种深沉的情感表达，不仅局限于言辞的华丽与浪漫，更在于实际行动中的关怀与付出。

与其说"我爱你"，不如在对方疲惫时递上一杯热茶，用实际行动温暖对方的心房；

与其说"我爱你"，不如在对方遇到困难时默默给予支持，成为对方

第四章
选择障碍,甲之蜜糖,乙之砒霜

坚实的后盾;

与其说"我爱你",不如在平凡的日子里为对方准备一份小惊喜,让爱情在细微之处绽放光彩。

甜言蜜语或许能暂时点燃激情的火花,让人沉醉于爱情的梦幻之中,但真正的爱情却需要长时间的行动来证明和坚守。它体现在每一个细微之处,是在对方需要时伸出的援手,是在平凡日子里点点滴滴的积累。

因此,真正的爱情不仅仅是一种言语的表达,更是一种行动的承诺,是愿意为对方付出一切,用实际行动去诠释和守护这份珍贵的情感。

爱情攻略

> 真正的爱情,不在于"我爱你"的言辞华丽,而在于关怀与付出的行动深度,是时间的见证,更是心灵的触动。

选择一个"老实人"，也不一定安全

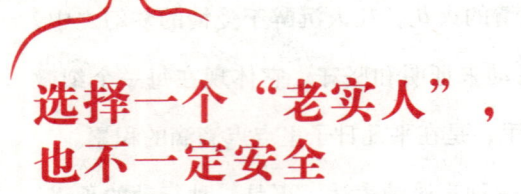

在这漫长又曲折的人生路上，我们遇见过各种各样的人。有的人像璀璨的烟火，让人一眼就心动；有的人则像温暖的港湾，让人无比安心。在众多选择中，"老实人"常常被视为最安全、最可靠的选择，仿佛他们是能让我们心灵停泊的避风港。

但真相往往比想象得复杂。选了"老实人"，并不意味着就安全无虞。在多数人心里，"老实人"就像一杯温吞的白开水，不刺激，但也无毒无害，喝起来平淡无奇，却能解渴。他们通常不会给你带来惊喜，但也不会让你太过惊吓。然而，正是这种看似无害的特质，有时候却藏着不为人知的陷阱。

小芳住在一个小镇上，她性格温柔，干活勤快，镇上的人都夸她是个好姑娘。到了该结婚的年纪，经人介绍，小芳嫁给了被认为"老实"的阿强。

然而，婚后的生活并不像小芳想象得那样美好。阿强虽然在外人面前表现得真诚、老实，但在家里跟小芳一直唱反调，还拒绝沟通。家务

第四章
选择障碍，甲之蜜糖，乙之砒霜

事他也从不伸手。当小芳有事情与他沟通时，他或者着急发火，或者一言不发，最可气的是还将责任都推到小芳身上。

一天晚上，小芳看着堆积如山的家务，忍不住对阿强说："阿强，你能不能帮我一起把这些家务做完？我白天工作已经很累了。"

阿强却懒洋洋地躺在沙发上，眼皮都不抬一下，也没有应声。

小芳感到无奈，她尽量保持冷静："阿强，家务事也是我们共同的责任啊。我每天都在努力工作，回家还要做这些，我真的很累。"

阿强这时才看了一眼小芳，但并没有动，只是看了一眼。

小芳被阿强的这种无视气得眼泪在眼眶里打转，但她还是试图解释："阿强，你能回答我一句吗？我们得沟通一下，你这样让我该怎么办？"

然而，阿强从沙发上站起来，一脸无辜地说："我不敢说话，你这么着急，我可不敢说话。"

小芳一脸无语，气得捂住了胸口。她明白，无论她怎么说，阿强都不会说什么。

她也曾经想请求乡邻们帮忙，劝说一下阿强，但乡邻们总是不问青红皂白地指责她。他们总说："阿强那是老实，不跟你计较。你还生什么气？"

这样的话语像是一把把锋利的刀，刺得小芳心痛不已。她开始怀疑自己的选择，是不是真的错了？

第二年，他们的儿子出生了。小芳为了儿子，决定用自己的行动来改变这一切，她开始更加努力地工作，不仅把家里打理得井井有条，还经常在空闲时间帮助乡邻们干农活、做家务。

久而久之，大家发现小芳一个人打理着一个家，而阿强一遇到有事就会玩失踪，还口口声声地说："我可不敢做，我怕小芳着急。"

此时，常与小芳在一起的小姐妹生气地对阿强说："看着你挺老实的，怎么这么没有责任心呢？"

阿强还是一言不发。小姐妹更生气了，说："看着你挺老实，但实际上挺坏呀，自私、没担当，你是个男人吗？……"

阿强一脸委屈，仍是一言不发。小芳拉着小姐妹离开，笑着说："看吧，老实人才气死人吧？"

在儿子上小学那年，小芳与阿强离了婚。阿强的父母逢人就说小芳欺负老实人，小芳只是笑着回应："是吗？好吧！"

小芳离开了那个"老实人"，她也算是真的吃了"老实人"的亏！有些人，打着"老实人"的旗号，做着伤人的事。他们肆意而为，从不承担后果，因为他们有"老实人"来做挡箭牌。

想象一下，你是一位勇敢的航海家，你遇到了一位"老实人"船长，他承诺能带你安全到达目的地。你满心欢喜地上了他的船，却发现这艘船其实是一艘老旧的木船，船板上布满了虫蛀的痕迹，而那位"老实人"船长，虽然不会故意把你引向错误的方向，但他对航海技能的掌握却仅限于"不会把船开翻"。

这样的旅程，虽然可能不会有大风大浪，但小船的缓慢和不确定性，却足以让你在海上漂泊到怀疑人生。这就是选择一个"老实人"可能面临的风险之一，他们可能确实不会故意伤害你，但他们的平庸和无能，却可能让你在平淡中慢慢消耗掉所有的激情和梦想。

爱情和婚姻亦是如此。一个"老实"的伴侣，虽然不会给你制造太多的麻烦，但缺乏进取心和创新能力，也可能让这段关系变得乏善可陈，缺乏成长的动力。

更重要的是，"老实人"也有可能隐藏着不为人知的另一面。当我们

第四章
选择障碍，甲之蜜糖，乙之砒霜

选择一个"老实人"作为伴侣时，其实是在做一场未知的赌博。你赌的是这个人能够一直保持着他的老实本分，不会给你带来太大的惊喜，但也不会制造太多的麻烦。然而，人生总是充满了变数，没有人能够预测未来会发生什么。那个曾经看似老实无害的人，也可能在某一天因为某种原因而变得不再老实。

因此，真正的"安全"并不是来自选择一个"老实人"，而是来自我们自己的智慧和判断力。我们需要学会去观察、去理解、去感受一个人的内在品质和潜在的可能性，而不是仅仅停留在表面的老实与否。

爱情和婚姻亦是如此，我们需要用一颗敏锐的心去感知那个人的真实面貌，去判断他是否具备与我们共同走过人生风雨的能力。而这个过程，既需要理性的分析，也需要感性的直觉。

爱情攻略

选择一个"老实人"并不一定就意味着安全无虞，在这个充满变数的世界里，真正的安全来自我们自己的成长和智慧的积累。

微信扫码
① AI贴心闺蜜
② 成长必修课
③ 情商进阶营
④ 幸福研讨室

Women's Love Strategy

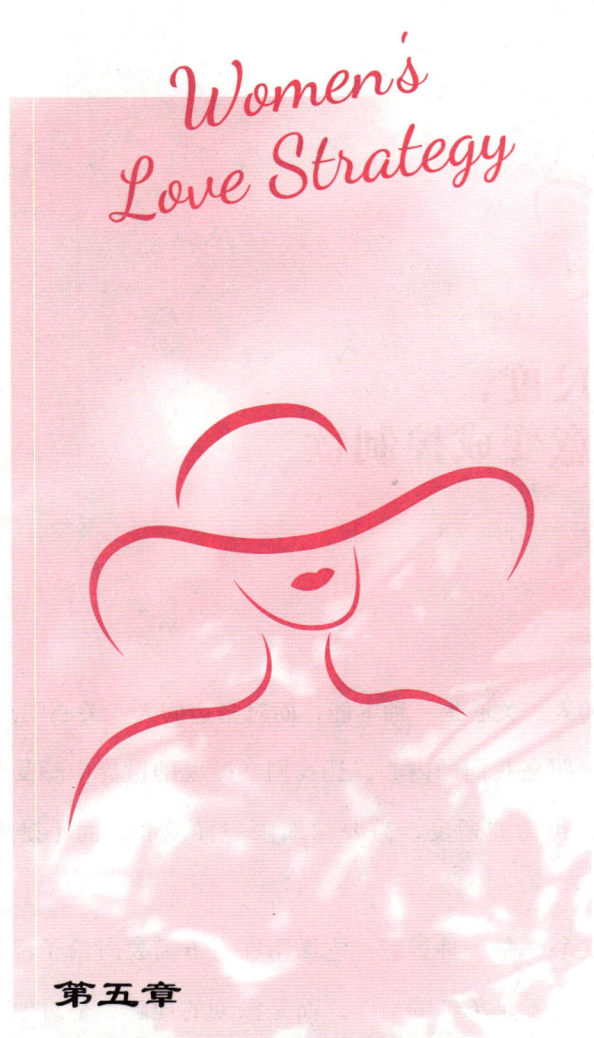

第五章

情感操纵,爱与尊重的界限

爱是尊重,不是操控。但在情感的漩涡中,我们却总是容易迷失方向,总想将对方牢牢掌控于手中。殊不知,爱如掌中沙,越是用力,就越是无法留住。给爱设定一条界限,给彼此留一点空间,尊重与理解,才是爱情最美好的模样。

关心有尺度，
别让好意变成控制欲

面对爱的人，关心是一种本能；而对身边的人，关心则是一种纽带。它像一束光，照亮我们的内心，让我们在冷漠的世界中感受到彼此的存在。但关心，也需要适度，需要像细雨一样滋润，而不是像洪水一样泛滥。

真正的关心，是一种智慧，它懂得在对方需要时给予温暖，不需要时给予空间。它不是单纯的给予，而是深刻的理解，是对他人需求的洞察。关心，应该建立在尊重之上，成为连接彼此的桥梁，而不是束缚对方的锁链。

在关心与被关心之间，我们学会了爱与被爱。关心，不是负担，而是一种快乐，一种在给予中获得的满足。让我们的关心，成为他人生命中的一束光，照亮他们的道路，温暖他们的心房。

然而，当关心失去了界限，它就可能变成控制的深渊。这种变形的

第五章
情感操纵，爱与尊重的界限

"关心"可能表现为对对方生活的无理干预、决策的强行介入，乃至情感上的过度索取。控制欲的本质，是对个体自由与独立性的蔑视。它以爱的名义行使剥夺之实，将原本平等与尊重的关系，扭曲为一种不平等的控制关系。

浅浅是个温柔的女孩，对新认识的朋友向北挺有好感。她经常给他一些小惊喜，比如他加班晚了，她会悄悄地送杯热咖啡过去；他生病了，她就会第一时间跑到他那里，还带着药和他爱吃的水果。向北工作上有点小成就，浅浅总是第一个为他鼓掌，眼睛里的光芒比谁都亮。

开始的时候，向北觉得特别幸福，觉得浅浅的关心让他觉得自己是世界上最幸福的人。但时间长了，他感觉这份关心变得有点沉重。

浅浅的关心慢慢变得有点过分了。她会一直关注向北的一举一动，要求他随时告诉她自己在干什么；她还会自己决定向北穿什么，甚至他如何和朋友交往。

大家都觉得浅浅只是太关心向北了，但向北心里清楚，这种关心其实让他感觉被控制了。

最让向北感到不舒服的是，他有一次随口说想一个人去旅行，找找创作的灵感。这本来是个很普通的想法，但浅浅却强烈反对。

浅浅担心地说："你一个人去？那怎么行！万一遇到危险怎么办？"

向北解释说："我就是想试试，我需要点时间来思考，找找灵感。"

浅浅情绪激动起来："思考？你不能在这里思考吗？为什么非要离开我？"她列举了一大堆理由，从安全到孤独，每句话都像是小锤子一样，敲打着向北的心。她甚至开始联系旅行社，想给向北安排一个她认为合适的旅行计划，完全没考虑向北是怎么想的。

那一刻，向北意识到，这份爱已经变成了束缚，让他感觉透不过气来。他开始害怕，怕自己永远逃不出这个看不见的笼子。

向北鼓起勇气对浅浅说："浅浅，我很感激你一直以来的关心，但我现在感觉这份爱让我喘不过气来。我需要一些空间，一些自由，去追求我的梦想。"

浅浅听了，眼泪在眼眶里打转，声音颤抖："我只是太在乎你了，我不想失去你。我以为这样做是为你好。"

向北轻轻地握住她的手："我知道，但我希望你能理解，真正的爱情不是占有和控制，而是让对方成为更好的自己。我们需要给彼此一些空间。"

浅浅沉默了。

最终，浅浅学会了放手，给予向北想要的自由；而向北也更加珍惜浅浅的陪伴，学会了如何在爱与自由之间找到平衡。他们明白，真正的爱情，不是占有和控制，而是相互尊重和理解，让对方成为更好的自己。

如何在关心与控制之间找到恰当的尺度才是保持和谐关系的关键。恋爱中的男女对此要时刻警醒，学会区分"为了你好"与"按我说的做"之间的本质差异。真正的关心，应当基于对对方需求的敏感洞察与尊重，是在了解对方意愿基础上的支持与协助，而非一厢情愿地强加与改造。

爱与自由，如同天平的两端，缺一不可。在展现关心的同时，也需

第五章
情感操纵，爱与尊重的界限

意识到每个人都是独立的个体，拥有选择自己生活方式的权利。真正的爱，是给予对方成长的空间，是在对方需要时伸出援手，也是在对方追求梦想时默默支持。

建立良好的沟通机制，是避免关心变质为控制欲的有效途径。在这个过程中，学会倾听尤为重要，它不仅是对对方情感的尊重，也是自我成长的契机。通过沟通，可以更加精准地把握关心的尺度，确保自己的爱意能够以最合适的方式传达，促进关系的和谐与深化。

总而言之，关心，应当是一种智慧的体现，既饱含深情，又不失分寸。在这个复杂而细腻的情感世界里，找到关心与控制之间的平衡点，是对人性深度理解的体现，也是对爱与自由真谛的实践。

爱情攻略

爱是一场修行，它教会我们如何在给予与放手之间找到平衡，如何在保持自我与融入彼此间找到和谐。

你想黏在一起，但他不这样想

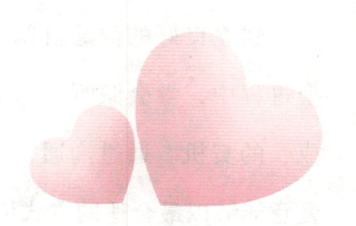

黏在一起，听起来很甜蜜，但每个人对亲密的期待都不一样。有人喜欢天天腻在一起，有人却需要更多的空间。这就像吃辣椒，有人爱得不行，有人却辣得直跳脚。

再喜欢对方，也不应该是强求对方时时刻刻和自己在一起，而是要理解对方的需求。就像跳华尔兹，有时需要靠近，有时需要给对方留出舞步的空间。真正在一起，是心灵上的默契，是即使身体不在一起，心也能感受到彼此的联系。

哲学上说，人是独立的个体，但在生活中，我们也需要感受到彼此的存在。就像手机需要充电一样，人也需要情感上的滋养。但关键是要找到合适的方式，不要让对方感到被束缚。

两棵树，它们可以靠得很近，但也要有自己的土壤来扎根。当我们想要和某人黏在一起时，可能是因为他让我们感到特别，或者给了我们

第五章
情感操纵，爱与尊重的界限

某种力量。

即使是最亲近的人，也需要自己的空间。关心一个人，不是要时时刻刻盯着他们，而是要知道何时该伸出手，何时该放手。

杨明是个有才华的年轻程序员，生活安排得井井有条，就像他写的代码一样。叶子，一个活泼开朗的女孩，对爱情有着无限的憧憬，自从遇到了杨明，她的生活变得多姿多彩。

起初，杨明被叶子的热情和直率所吸引，她的笑容好像能扫走他所有的疲惫。但时间一长，叶子的热情开始让杨明感到有些透不过气来。

每天早晨，叶子总是早早起床，想和杨明分享新的一天。她会悄悄地跑到杨明的房间，不管他是不是还在睡觉，就靠在他身边，讲她梦里的奇思妙想。杨明虽然心里有爱，但有时候也感到无奈，因为他需要足够的睡眠来应对一天的工作。

更让杨明感到有压力的是，叶子似乎想参与他生活的每一个方面，连工作也不放过。

每当杨明沉浸在编程中，努力解决技术难题时，叶子总是好奇地坐在他旁边，时不时地插话，或者问一些对编程来说有点幼稚的问题。这让杨明的工作经常被打断，效率大受影响。他尝试过和叶子沟通，希望她能理解他需要专注，但叶子总是说"我只是想多了解你"，让杨明很难拒绝。

最让杨明受不了的是，在项目截止日期的前一晚，他加班到很晚，办公室里只剩下键盘声和他的叹息声。就在他全神贯注地调试程序的时候，叶子突然带着夜宵出现在他面前，笑着说："我来陪你加班！"杨明心里五味杂陈。

他决定和叶子好好谈谈，温柔地告诉她自己的感受，希望她能给他一些独立的空间。叶子听了之后，眼神里闪过失落，感到委屈，大声说："我只是想多和你在一起，难道爱不是要天天黏在一起吗？你只是不爱我而已！"说完，她摔门离开了。

正如尼采所言："你必须独自行走，才能找到你自己。""黏"在一起是相互依存，而"独立"是相互转化，它们共同构成了人类关系的丰富性。每个人的情感需求与表达方式都是独特的，强求他人按照自己的期望行事，无异于剥夺了对方的自由与个性。

如果你的伴侣喜欢独自旅行，你为什么不可以鼓励他去探索世界呢？干吗非要与他一起？他去独自旅行的时候你完全可以提升自己。当有一天，他回来了，你们相聚在一起，分享各自的经历，这该是一件多么有趣的事！

爱情不只是天天黏在一起，它更像是一场马拉松，需要耐力和智慧。沟通，就像跑鞋，让我们在这条路上跑得更远，更稳。别害怕说出你的想法，也别忽视了倾听对方的声音。就像准备一顿美味的晚餐，需要食材和调料的完美搭配，爱情也需要你们两个人的共同努力和理解。

想象一下，如果你们能像团队一样合作，把各自的不同点变成共同的力量，那你们的关系就会像一座坚固的桥梁，经得起时间的考验。就像在健身房里，不同的器械锻炼不同的肌肉群，你们的不同也能锻炼你们的关系，让它更加稳固。

找到和谐，就像是在杂乱的房间里找到秩序，需要一点耐心和智慧。

第五章
情感操纵，爱与尊重的界限

你们可以一起制定规则，比如每周固定的约会时间，或者每天的"无手机"时光，这些都是让你们的关系更加和谐的方法。

记住，无论是选择亲密无间，还是保持适当的独立，都是你们爱情故事的一部分。就像一本书，每一章节都有它存在的意义，无论是高潮迭起还是平静如水，都是你们共同走过的路。

就像树根需要深入土壤来支撑树冠，你们的关系也需要黏合和独立之间的平衡。找到这个平衡点，你们的爱情就能在生活的风风雨雨中更加茁壮成长。

爱情攻略

> 我们不仅学会了如何爱他人，更重要的是，学会了如何更好地爱自己，如何在人生的舞台上，优雅地与每一个相遇的人共舞，而不是像"菟丝子"一样缠绕着别人。

亲密关系中的"恶"——"煤气灯效应"

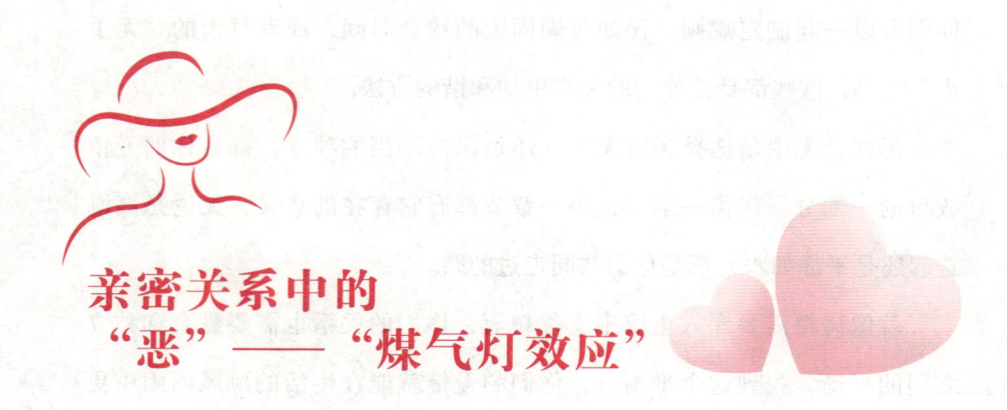

我们常常梦想着和心爱的人一起享受浪漫的夜晚，就像在月光下跳一支舞，感觉彼此心有灵犀，温暖而亲密。但有时候，这种美好的画面背后，可能隐藏着一些不易察觉的问题——就像所谓的"煤气灯效应"。它悄悄地影响着我们，让我们的关系变得不那么稳定。

想象一下，你站在一间古色古香的房间里，房间中央摆放着一盏古老的煤气灯。这盏灯由一个精通机关之术的人操控，他轻轻地扭动开关，灯光便忽明忽暗，让你产生错觉，仿佛整个世界都随着灯光的变幻而不稳定起来。这便是"煤气灯效应"的隐喻。

在这样的关系中，一个人可能会用一些小手段来影响另一个人，比如故意说些让你困惑的话，或者总是让你觉得自己做得不够好。这些行为可能看起来很小，但它们就像慢慢侵蚀石磨的水滴，最终可能导致信任的崩塌。

第五章
情感操纵，爱与尊重的界限

要避免这种情况，我们需要学会相信自己。如果有人对你说的话让你感到不舒服或者开始怀疑自己，那就停下来，深呼吸，然后问问自己：这是真的吗？我为什么会感到这样？

艾米坐在书桌前，翻着书，突然一本关于画家弗里达·卡罗的传记吸引了她。书里讲了弗里达和她丈夫迭戈·里韦拉之间复杂又矛盾的关系。

艾米读着读着，心里越来越不是滋味，因为她发现自己和男朋友杰克的关系好像也有类似的问题。杰克有时候夸她聪明独立，有时候又挑她毛病，搞得艾米自己都开始怀疑自己。

有一天，杰克皱着眉头问她："艾米，昨天咱们不是约的八点见面吗？你怎么说是七点？"艾米一下就愣了，她记得明明是七点，但看着杰克那么肯定，她开始怀疑是不是自己记错了。

这种情况已经不是第一次了，艾米开始怀疑自己的记忆力，每次争论后，她都会想是不是自己记错了。实际上，是杰克在慢慢影响她对事情的看法。

读了弗里达的故事后，艾米决定不再沉默。她开始像侦探一样，记录下和杰克的每一次互动。她还找朋友和家人聊了聊，他们的支持给了她很大的帮助，让她不再那么迷茫。

终于有一天，艾米鼓起勇气，把记录本摆在杰克面前："杰克，看看这些记录，我觉得我们之间有问题。"她的声音有点抖，但眼神很坚定。

杰克看起来很惊讶，他一页一页地翻看记录本，脸色越来越沉重。

"艾米，我真没想到这样会让你这么难受。"杰克低着头，声音里带着歉意。

艾米深吸了一口气，平静地说："杰克，我们的关系不应该是这样的。我们应该互相尊重，互相信任，而不是一个人想控制另一个人。"

杰克沉默了一会儿，然后抬起头，认真地看着艾米："艾米，你说得对。我愿意改，我们一起努力，把我们的关系搞好。"

艾米笑了，她感觉轻松多了，也释然了。她知道，虽然他们的关系经历了一些波折，但也因此变得更坚固。他们学会了在亲密关系中保持自我，一起抵抗那些想破坏爱和信任的不良行为。

"煤气灯效应"往往是以这样温柔而隐蔽的方式展开。操纵者可能是一位善于言辞的伴侣，他们利用赞美与批评的混合策略，让对方在情感的过山车上起伏不定，时而感到被捧上天际，时而又坠入自卑的深渊。

长此以往，受害者会开始质疑自己的记忆、感知乃至理智，最终在情感上完全依赖于操纵者的肯定，失去了独立思考与自我判断的能力。

要走出这片由"煤气灯效应"编织的迷雾，首先需要学会识别那些不易察觉的路标。就像探险家在密林中寻找方向，我们需要敏锐地捕捉到那些细微却关键的信息：

是否发现自己在伴侣面前情绪如同过山车，经常被对方的言行激怒或安抚，却找不到合理的解释；

是否开始怀疑自己的记忆力，因为伴侣常常指出你记得不对，而你却找不到反驳的证据；

是否越来越依赖伴侣的评价来确认自己的价值，甚至在他们不在场时感到迷茫和不安；

……

第五章
情感操纵，爱与尊重的界限

一旦意识到自己可能正身处"煤气灯效应"的影响之中，重建内心的灯塔便成为当务之急。这不仅仅是为了逃离当前的困境，更是为了在未来的关系中，能够拥有更加坚固的自我边界与清晰的自我认知。

我们可以通过自我反思、阅读、学习新技能等方式，重新建立对自己的认识与评价。记住，你的价值不由他人定义。同时，寻找可以信赖的朋友、家人或专业人士，分享你的感受与经历。

此外，明确并坚守个人界限，不让任何人轻易跨越。这包括情感上的、物理上的以及心理上的界限。学会说"不"，是保护自己的第一步。

最后，面对伴侣的言论或行为，学会用批判性的眼光去分析，而不是全盘接受。问自己："这是真的吗？我有其他证据支持这个观点吗？"

真正的亲密关系应当是两棵并肩而立的大树，根系交织，枝叶相触，却各自向着天空伸展，共享阳光雨露，而非一方对另一方的控制与吞噬。在爱与被爱的旅程中，保持自我，方能行至更远。

爱情攻略

"煤气灯效应"如同一场精心设计的迷雾，让原本清晰的情感之路变得扑朔迷离。但正如所有迷雾终将被阳光驱散，只要我们勇敢地面对，就能走出这片情感的迷雾，重新找回属于自己的光明与自由。

当个人隐私遇到亲密关系，该怎样处理？

一些女孩认为，爱情的秘诀在于不断地陪伴和不离不弃，仿佛只有这样才能证明爱情的真挚和深度。另一些女孩则认为，坦诚是爱情的基石，任何隐瞒和欺骗都是不可接受的。但这些观点是否都过于绝对了呢？

爱情不仅仅是亲密无间和形影不离，虽然在热恋期，这种状态可能自然而然，但随着时间的推移，如果两个人失去了个人空间和自由，爱情的本质可能会发生改变。

爱情也需要适当的距离，正如那句老话所说："距离产生美"。没有适当的空间，爱情可能会因为过于紧密而失去活力，最终枯萎。

遗憾的是，有些女孩在爱情中往往缺乏先见之明。她们在与恋人相爱时，总是与对方毫无距离感可言，每天都如胶似漆，似乎这样才能证明爱情的深度。

第五章
情感操纵，爱与尊重的界限

然而，这种过度的依赖或过于浓烈的爱，可能会让对方感到窒息，甚至产生反感。在这种情感的重压下，原本美好的关系也可能出现裂痕。

林晓雨对苏浩的感情很深，她愿意为他放弃一切，包括出国深造的机会。她怕距离会把他们分开。

工作的时候，林晓雨总是让苏浩在线，不管有什么小事，她都第一时间跟苏浩说，好像他成了她生活的一部分。

下班了，林晓雨就急急忙忙去找苏浩，两人一起在夕阳下吃晚饭。每次分开，林晓雨都依依不舍，大家都看得出她对苏浩的感情。

但是，苏浩心里其实有点苦。他跟朋友说过："她不在的时候，我确实想她。但在一起时间长了，我就觉得有点苦闷。我也不是要求太多，就是想有点自己的空间。周末想打球，她总拉我去逛街；晚上想跟朋友聚聚，她总跟着，这也不让，那也不让，真累。"

林晓雨的朋友也感觉到了苏浩的苦闷，劝她："给苏浩点空间吧，不然爱情也会窒息。"但林晓雨觉得，她想跟苏浩时时刻刻在一起，这没什么不对，都是因为爱他。

可是，林晓雨的爱太沉重了，苏浩觉得受不了，就提出分手。他说："生命很重要，爱情也很贵，但如果只要自由，我都可以不要。"苏浩坦白，他更想要自由。

分手的时候，林晓雨哭得很厉害。她不明白自己哪里做错了，求苏浩不要走。她声音发抖，手紧紧抓着苏浩的衣服，眼神里都是困惑和绝望。

女人爱情全攻略

苏浩轻轻把她的手拿开，眼里有点无奈和心疼，说："晓雨，我爱你，但我也需要呼吸，需要自己的空间。希望你能理解。"

林晓雨站在那儿，眼泪模糊了眼睛。她开始想，也许真正的爱，不只是拥有，还要给对方自由和尊重。这次经历，让林晓雨学会了成长，也明白了，有时候爱需要放手，让两个人都能在合适的空间里成长。

在亲密的关系里，每个人都应该有自己的小天地，就像每个人都有自己的小秘密一样。男性往往更看重这一点，他们珍视自己的自由和空间。爱情中，女孩子可能愿意为爱付出一切，但男孩子可能更希望有自己的小角落。

如果女孩子因为爱得太深，试图进入男孩子的私人空间，这可能会让他感到被束缚，甚至想要逃避。这就像是你给仙人掌浇了太多的水，结果反而会让它枯萎。爱情需要呼吸的空间，过度的关心有时候反而会适得其反。

记住，真正的爱情不是时时刻刻地黏在一起，而是即使不在一起，也能相互信任和支持。就像放风筝，线在你手里，但风筝可以自由飞翔。这样，你们的爱情才能更加健康和持久。

在爱情中，要懂得尊重对方的隐私。这不仅仅是给对方空间，更是对对方的信任和尊重。比如，不要总是查看对方的手机，不要总是追问对方的行踪，这些都是侵犯对方隐私。

爱也是有弹性的，它既不是僵硬地占有，也不是软弱地依附。相爱的人给予对方的最好礼物就是自由。两个自由人之间的爱情，既充满张

第五章
情感操纵，爱与尊重的界限

力又牢固不板结，缠绵却不黏滞。没有缝隙的爱情是可怕的，它让爱情失去了自由呼吸的空间，最终只会因窒息而"死亡"。

爱情攻略

> 如果你想要爱更长久，就保持理性的爱吧！相爱时，给他一点独立的空间和隐私的自由，就像是放风筝一样，时而拉近，时而放开，这份爱就不会跑掉，而会长久永恒。

不依赖，关系才不会失控

你，有没有这样的时候？深爱着一个人，以他为中心，他在身边时，世界因他而转动；他不在时，心中满是他的身影。你常常害怕他会离你而去，没有他的日子，生活似乎失去了方向，这种念头让你越想越惶恐。当被这种情绪笼罩时，"感觉自己不会再爱了"，这样的话语是否曾在你的心头盘旋？

但他真的如此不可或缺吗？你真的非他不可吗？或许，你只是被"依赖心理"悄然牵引。依赖心理，是指人们在与他人建立亲密关系后，产生的高度依赖心态，仿佛对方是自己生活的全部。这种心理有时会达到极端，让人无法独立自主，甚至愿意为对方牺牲自己的最大利益。

那么，我们为何会陷入依赖心理的泥沼呢？这是因为，当我们在心理上认定某一个人时，会感觉心有寄托，身有依靠，仿佛能免于生活中

第五章
情感操纵，爱与尊重的界限

的失落、悲痛与愤怒。

然而，这种依赖心理恰恰是我们关系中的隐患。一旦对方无法满足我们的依赖需求，或者关系出现变故，我们便会感到失控和惶恐。

其实，你只是习惯了他的存在，并非真的非他不可。真正的爱情，不应该是一方对另一方的完全依赖，而是两个独立个体的相互吸引和尊重。

青峰村，赵婉从小就生活在这里，她的婚姻是村里长辈们一手包办的。村里的几位老人觉得她和刘志挺合适，就安排他们见面。两人第一次见面，感觉都不错，因此没多考虑，就在长辈们的催促下结婚了。

赵婉的家乡很传统，男人负责挣钱养家，女人就在家里照顾家庭。嫁给刘志后，赵婉就全心投入照顾丈夫和家里的老人孩子中。时间过得很快，赵婉生了个大胖小子，一家三口过得还算安稳。

但是，随着村里的年轻人都出去打工，有的回来时盖了新房子，刘志也动心了，决定出去闯闯。赵婉本来想跟着去，但刘志说家里老人和孩子需要她，就让她留下了。

开始的时候，刘志还会往家里寄钱，偶尔回来看看。但时间一长，钱也不寄了，人也两年没回来过。

后来，有回村的年轻人偷偷告诉赵婉，刘志在外面有人了，还养了个小老婆。赵婉听了，心痛得像被刀割一样，哭得很伤心。但她性格比较软弱，没有选择离婚，也没去刘志工作的地方闹。她就守着儿子，继续在村里过着平淡又无奈的日子。

在爱情中，无论是男人还是女人，都可能陷入依赖的境地。生活中，有些男女并非基于自由恋爱而结合，而是遵循父母之命，媒妁之言。按理说，这种缺乏爱情基础的婚姻应该摇摇欲坠，但"先结婚后恋爱"的夫妻感情却往往十分稳定，离婚率远低于自由恋爱。

这便是依赖心理的作用，也印证了"嫁鸡随鸡，嫁狗随狗"的俗语——既然选择了他，便不再有过多要求，愿意一辈子跟随。

但这真的是爱情吗？很显然，你更多地扮演了他的依赖者、追随者，甚至失去了自我，而非真正的爱人。因为爱情中的任何一方过度依赖另一方，都会违背爱情与人格的原理，导致自身价值和魅力的丧失。这样，男女共同生活中的"另一半"价值失衡，必然会损害整个情感生活的幸福。

在前几年很火的电视剧《我的前半生》中，马伊琍饰演的罗子君曾是一个沉浸在养尊处优生活中的全职太太，丈夫陈俊生是她世界的中心。然而，当陈俊生突然提出离婚，这个看似稳固的世界瞬间崩塌。面对突如其来的变故，罗子君最初的反应是震惊、不解与极力挽留，但丈夫的决绝让她意识到，依赖他人构建的幸福是脆弱不堪的。

在闺蜜唐晶及其男友贺涵的帮助下，罗子君不得不走出舒适区，重新踏入社会寻找工作。起初，她的不适应与挫败感接踵而至，但每一次跌倒都让她更加坚强。从在便利店打工到成为鞋店的销售冠军，罗子君不仅学会了独立生存的技能，更重要的是，她找回了自我价值，不再将生活的全部希望寄托在他人身上。

无论处于何种境遇，保持经济独立和精神自主是维护个人尊严与幸福的关键。只有当我们不再完全依赖他人，而是勇于面对挑战，积极追求自我成长，才能在复杂多变的人生旅途中保持内心的平衡与坚定。

爱情攻略

> 只有当我们学会独立，才能在爱情中保持平衡，让关系更加稳固和长久。依赖不是爱情的全部，独立与尊重才是爱情长久的基石。

Women's Love Strategy

第六章
三年之痛，爱人成了熟悉的陌生人

　　如果爱情是一种荷尔蒙的冲动，那么它的"保质期"或许就像一包美味的糖果，有着既定的赏味期限。初期的激情与热烈，如同初尝的甘甜，让人兴奋不已，但随着时间的流逝，这份冲动或许会渐渐平息，让人不禁疑问：爱情的保质期，究竟有多久？我们又该如何，才能让甜美的爱情一直"保鲜"？

爱情的保质期很短？

"你怎么变成这样，之前你并不是这样的，难道你不爱我了吗？"

"我以为爱情可以天长地久，你却说爱情不能当饭吃，你还爱我吗？"

"分手！你变了！你都没有之前爱我了！"

这些话，充满了疑问和不甘，是许多恋爱中的女性常发出的掷地有声的质问。而男性，往往在沉默中叹息：

为何曾经温柔体贴、善解人意的你，现在变得斤斤计较、脾气火爆？

为何曾经温婉可人、体贴入微的你，如今变得挑剔苛刻、情绪多变？

从初识到相恋，再到步入婚姻的殿堂，人为何会有如此变化？是爱情的魔力消失了吗？还是爱情本身已经变质？

这背后的原因错综复杂，但很多时候，这源自一种"掩饰心理"。在

第六章
三年之痛，爱人成了熟悉的陌生人

恋爱的初期，人们往往会努力隐藏自己的缺点和不足，只愿意展示最完美的一面给对方。然而，随着时间的推移，当这些掩饰逐渐被揭开，真实的自我开始显露，我们不禁要问：这是爱情的本质，还是我们对爱情的误解？

真正的爱情，不是一场完美的表演，而是两个不完美的人在相互理解和接纳中成长。它要求我们不仅要接受对方最好的一面，也要接受对方最差的一面。爱情不是永恒不变的，它需要双方共同的努力和维护，需要我们在变化中寻找恒常，在挑战中寻求成长。

因此，当我们发现自己或对方变了，不妨先放下质疑和指责，转而寻求理解。问问自己，是什么导致了这种变化？是我们的期望太高，还是我们没有给予对方足够的空间和理解？在爱情的道路上，我们需要学会适应变化，学会在变化中找到新的平衡点，让爱情在真实和接纳中绽放新的光彩。

张伟和林悦的第一次见面，张伟表现得特别周到，给林悦夹菜，听她说话时眼神专注。林悦也用她的微笑和得体的举止回应，她的妆容精致，让人眼前一亮。两人很快就坠入了爱河。

张伟说："你笑起来真好看，我真是幸运能遇到你。"林悦听了，脸上的笑容更甜了："你这么细心，我也觉得很幸运。"

热恋期间，两人你侬我侬，张伟总是宠着林悦，林悦也温柔如水。不久，他们决定结婚，觉得是时候给这份爱情一个家。

但婚后的生活，并没有他们想象中的甜蜜。时间一长，两人的缺点开始显现，矛盾也随之而来。张伟心里有些失望："你怎么不化妆就跟变了个人似的？"林悦听了，心里不是滋味："难道你不爱我本来的样子吗？"

张伟对林悦的消费习惯也颇有微词："亲爱的，我们是不是该省着点花？"林悦却不以为然："我一直都是这样啊，你以前怎么不说？"

林悦也对张伟的生活习惯感到失望："你怎么东西总是乱丢，家里乱糟糟的！"张伟却满不在乎："家里嘛，随意点不好吗？"

最让林悦心寒的是张伟似乎越来越不负责任："你答应过我的事，怎么总是做不到！"张伟却辩解："我忙，你又不是不知道。"

两人的争吵越来越多，林悦忍不住说："你变了，变得我都不认识你了。"张伟也不甘示弱："你还不是一样，当初的温柔都哪去了？"

随着彼此的期望和现实的差距越来越大，两人的关系也越来越紧张。他们开始意识到，婚姻不是爱情的终点，而是需要双方共同努力和理解的开始。如果不能适应对方的真实面貌，不能包容和理解彼此的缺点，那么再美好的爱情也会在现实面前变得脆弱。

在爱情的舞台上，每个人都可能成为演员，扮演着对方心目中的理想形象。就像在迷雾中赏花，或在水面上望月，一切看似美好而神秘，却难以触及本质。在这样的情境下，掩饰心理悄然无声，难以被察觉。

但随着时间的流逝，当两个人真正开始共同生活，现实生活的琐碎逐渐取代了恋爱时的浪漫。尤其是结婚之后，日常的家务和生活必需品成为日常对话的主题。夫妻双方开始感受到一种安全感和归属感，这使得他们不自觉地展现出真实的自我，缺点开始浮现，而优点却慢慢淡出

第六章
三年之痛，爱人成了熟悉的陌生人

视线。最终，真相大白——原来，你是这样的。

当爱情的新鲜感逐渐消失，生活琐事成为日常，男性可能对此不太敏感，但女性往往对此感到不安。她们不愿意看到自己的爱情转变为亲情，不甘心自己的爱情故事变得平淡无奇。

然而，要让爱情保持鲜活，方法其实很简单：

在恋爱时，我们需要擦亮眼睛，深入了解对方，多与对方的亲朋好友交流，从他们口中获取更全面的信息。

在恋爱之初，我们应该坦诚相待，公开自己的小缺点。比如，告诉对方自己偶尔会发脾气，或者不太擅长烹饪。这样，对方在婚前就有了心理准备，婚后自然不会产生太大的心理落差。

学会接纳对方的不完美。人非圣贤，孰能无过？以宽容的心态去包容对方的缺点，是爱情长久的基石。如果你的伴侣偶尔忘记了一些事情，或者有一些不太雅观的习惯，不要过于苛责，而是以理解和包容的心态去面对。

最后，记得继续保持那些吸引对方的优点。温柔的笑容、体贴的关怀，这些都是你们爱情的起点，也是保持爱情新鲜的关键。不妨时常给对方一个温暖的拥抱，或者为他准备一顿美味的晚餐，这些小举动都能让爱情保持活力。

爱情不是一场短暂的激情，而是一种需要双方共同努力和维护的长期关系。通过理解、包容和持续的努力，我们可以让爱情在现实生活中绽放出持久的光芒。

女人爱情全攻略

爱情攻略

> 爱情既然始于彼此的欣赏与吸引,那么,就继续展现你最迷人的那一面,做对方喜欢的自己,这便是爱情保鲜的永恒秘诀!

仪式感拉满，才会使人怦然心动

生活，有时就像一杯白开水，平淡无奇。但正是在这种日常里，我们可以通过一些特别的仪式感来点燃激情，让爱情保持那份初次见面时的心动。

仪式感，听起来可能有点正式，但其实它就是我们给生活加点料，让每一天都变得特别一点。就像你每天出门前对着镜子里的自己说一声"加油"。这事虽小，却能给你一天的活力。

就像早晨最爱的他递过来的一杯刚泡好的咖啡，或者晚上一起散步时，手牵手的那份默契。这些简单的举动，就像是在告诉对方："我在乎你，每一天都是。"

在特别的日子里，更是需要仪式感。无论生日、纪念日或者节日，不妨放下手头的事情，安排一些特别的活动，哪怕是一起去看场电影，或者在家做一顿丰盛的晚餐。这些时刻，都会成为你们共同回忆中的亮点。

女人爱情全攻略

仪式感，是一种生活的态度，它提醒我们，即使生活再忙，也别忘了停下来片刻，享受当下。仪式感，更是一种用心，它不需要花哨，也不需要昂贵，重要的是那份心意。仪式感就是生活中的那一点点不同，它让我们的日子不再单调，让我们的关系更加紧密。通过这些小小的仪式，我们可以让爱情在日常生活中保持新鲜和活力，让每一天都充满意义。

艾克和米粒这对老夫妻，结婚都三十多年了，可他们的日子还是甜得跟蜜一样。他们有个习惯，就是每到纪念日或者有开心事时，两人就一起动手做个书签，写上些字，然后夹在他们家那本老诗集里。

有一回，艾克边写边笑着说："米粒，你看这句'执子之手，与子偕老'咋样？"

米粒笑着摇头："哎呀，你这字儿写得跟鸡爪子似的，这句我喜欢，就用这句吧。"

翻看这些书签的时候，两人总能笑出声，眼睛里都是对对方的那份深情和默契。邻居们见了，好奇地问："艾克，你们这书签是啥意思啊？"

艾克就乐呵呵地回答："这啊，是我们的小秘密，每张书签都有我们的故事。"

米粒也搭话："对啊，每句诗都是我们那时候的心情，看着它们，就像又回到了那个时候。"

有一天，院子里花开得正好，艾克请了几个朋友来家里坐坐。大家围坐在院子里，艾克就讲起了这习惯的来历："那时候我和米粒刚谈恋爱，想弄点啥来表达我们的心意，就搞了这个。"

第六章
三年之痛，爱人成了熟悉的陌生人

米粒在旁边听着，笑着补充："是啊，那时候艾克说要写诗，我还笑他酸，结果现在看，这还真是个不错的主意。"

朋友们听了，都觉得这老两口挺有意思的，也羡慕他们这份细水长流的感情。艾克和米粒的故事，就像他们家院子里的花，虽然不起眼，却开得特别香，特别久。

日常生活里，那些看似不起眼的小动作，其实能给爱情带来持久的活力。它们就像是冬日里的一杯热可可，温暖人心，让人心生感动。

爱情有时候会被时间冲淡，变得像快餐一样匆忙，浪漫也像烟火一样短暂，留下空虚和遗憾。但别忘了，即使生活再忙碌，只要我们愿意花点心思，即使是最普通的婚姻生活，也能绽放出不一样的浪漫。这不只是理想，更是我们可以通过实际行动，一点一滴去实现的艺术。

在平凡的生活中，我们可以为对方准备一些小惊喜：一束鲜花、一本他们喜欢的书，或者一次久违的约会，去那个充满回忆的地方。这些小小的惊喜，就像是在爱情里播下的种子，随着时间的流逝，它们会慢慢生根发芽。

我们还可以为爱情创造一些独特的仪式感。比如，在每个情人节，亲手为对方准备一顿晚餐，或者每月选定一天，共同记录下这个月最珍贵的记忆，存放在一个"时光盒"里。到了年终，一起打开这个盒子，重温那些美好的瞬间。这些看似微小的行为，能在彼此心中激起层层波澜，让爱情在时间的长河中保持新鲜。

比如，每个周末的早晨，我们可以一起准备早餐，享受那份简单的幸福；每个重要的纪念日，我们可以为对方写一封情书，表达内心深处的爱意。这些小小的仪式，就像一盏盏明灯，照亮了我们共同走过的路，让爱情在平凡中闪耀出独特的光芒。

"执子之手，与子偕老"，这不仅是美好的愿景，更是我们可以通过不懈努力，为自己和伴侣共同编织的现实。在这个快速消费爱情的时代，让我们选择慢下来，用心感受，用行动证明，真正的感情能够跨越时间的长河，绽放出恒久的美丽。

仪式感并不需要多复杂，重要的是那份心意和行动。通过这些小小的仪式，我们可以让爱情在日常生活中保持新鲜和活力，让每一天都充满期待和惊喜。

爱情攻略

> 聪明的女人，要懂得制造仪式感，让激情在烦琐的家务中穿行，让生活在平淡的岁月中彰显光彩。

相互欣赏和仰望，
没有比这更美好的事情了

你看到对方眼里的星星，自己也忍不住微笑起来，这是一种多么奇妙的感觉。张爱玲说，女性在爱情中可能会觉得自己很低，低到尘埃里，但也能开出花来。这确实描绘了一种为爱痴迷的状态，但真正的爱情，不是让你低头，而是让你感到被看见、被珍视。

爱情不应该建立在一方的卑微上，如果你总是觉得自己不够好，牺牲自己去取悦对方，那这样的爱情，可能并不会给你带来真正的幸福。过度的卑微，可能会让你失去自我，甚至加速感情的破裂。

因为相爱的两个人，需要的是互相关怀和支持。爱并不是一方的不断付出，而是双方的共同成长。在这个过程中，我们不需要为了爱情而失去自我，也不需要为了取悦对方而变得无足轻重。

如果你的伴侣在工作上取得了成就，你可以真诚地表达你的赞赏和骄傲。同样，当你在家庭生活中作出了努力，你的伴侣也应该给予你

女人爱情全攻略

同样的尊重和认可。爱是平等的，不仅是物质上的，更是精神上的。它意味着两个人在人格上的尊重，情感上的对等，权利上的均衡。就像简·爱说的，"无论贫穷或丑陋，每个人的内心都是丰富而充实的"。

林晓晴，一个农村出来的女孩，性格温柔，学习勤奋，以全校第一名的成绩从重点大学毕业。她被推荐到一家知名的英语培训学校工作，在那里遇到了小白，一个看起来文质彬彬、性格阳光的同事。两人因为共同的爱好和理想走到了一起，不久便结了婚。

婚后，林晓晴总是小心翼翼，她对小白说："我家是农村的，我怕你家里人瞧不起我。"小白笑着安慰她："别傻了，我娶了你，就说明你是最好的。"

但随着时间推移，林晓晴发现小白并不是她想象中的那样。一次，小白因为一点小事发脾气，林晓晴委屈地说："你怎么这样啊，我做错了什么？"小白不耐烦地回答："你什么都做不好，真烦。"

林晓晴怀孕后，她的父母从农村来看她。小白虽然表面上有礼，但林晓晴还是感觉到了他的不屑。她心里不高兴，但忍住了没说。

小白开始经常出去玩，有时候很晚回家，有时候甚至不回家。林晓晴一个人在家，心里越来越不是滋味。一天晚上，小白又出去了，林晓晴给他打电话："你什么时候回来啊，我一个孕妇在家，你就不担心吗？"小白在电话那头敷衍道："一会儿就回去，别老打电话。"

直到有一天，小白向林晓晴坦白自己外面有人了。林晓晴心如刀割，她问："你怎么可以这样对我？我为你、为这个家付出了这么多。"小白冷漠地说："我不爱你了，我们离婚吧。"

第六章
三年之痛，爱人成了熟悉的陌生人

林晓晴终于醒悟，她对小白说："我一直以为忍让可以换来幸福，现在我明白了，爱情不是一个人的忍让。我值得更好的。"

林晓晴决定不再沉默，她开始为自己和孩子争取权益。她对小白说："我不会让你这样对我，我要离婚，我要好好过我自己的生活。"

这段经历虽然痛苦，但也让林晓晴成长，她明白了真正的爱情是平等的，是相互扶持，而不是单方面的付出和忍让。她开始重新规划自己的生活，决心做一个独立、有自尊的女性。

爱情的本质在于相互欣赏与尊重，而非单方面的低头与牺牲。这种欣赏与尊重，不是空洞的夸奖，而是源自内心的真诚认同。它应该渗透在生活的点点滴滴中，无论是对方小小的成功，还是日常中的细微关怀，都值得我们去发现并给予肯定。

想象一下，当你的伴侣在工作上取得了进步，比如完成了一个大项目或者获得了上司的表扬，你可以这样表达："哎，你知道吗？今天你真的很棒，那个项目做得太好了。我为你感到骄傲！"然后，准备一顿特别的晚餐，或者在他回家时给个温暖的拥抱，再次真诚地说："你的努力我都看在眼里，我真的很欣赏你。"

这样的小举动，虽然简单，但却能让对方感受到你的支持和认可，加深你们之间的情感联系。

同时，当你自己有所成就，或做了让自己自豪的事，也要乐于与伴侣分享这份快乐。对方应该回应你的分享，给予你应有的赞美和支持，让你感受到同样的认同和鼓励。比如，如果你升职了，伴侣可以这样回应："太棒了，你这么努力，升职是理所当然的。我真心为你感到高兴。"

女人爱情全攻略

在这样的相互欣赏与支持中,爱情得以成长,如同夜空中最亮的星,永远在人生旅途中指引方向。

记住,爱情不是一方的独角戏,而是双方的合奏曲。在相互的欣赏与仰望中,我们不仅能够给予对方力量,也能从对方那里获得力量。这样的爱情,才能够经得住时间的考验,绽放出永恒的光芒。

爱情攻略

> 爱情不是一场单方面的付出和牺牲,只有当你学会真正欣赏和仰望对方,同时也让对方感受到你的欣赏和仰望时,爱情才能焕发出最绚烂的光芒。

第六章
三年之痛，爱人成了熟悉的陌生人

吵架也有小哲学

你和你的另一半是否经历过激烈的争吵？你是否发现，很多时候，吵架的起因往往微不足道，但结果却是愈演愈烈，甚至升级到互相动手、摔东西、冷战等极端行为。其实，这是一种心理机制的驱使——"拍球效应"。

想象一下拍球时的情景：你用的力越大，球就跳得越高。在心理学上，这反映了人的心理压力与潜能发挥之间的关系：承受的心理压力越大，潜能的发挥程度就越高；反之，心理压力较小时，潜能的发挥程度就相对较小。

回想一下，当你和恋人吵架时，如果他骂了你一句，让你气愤不已，你是不是会想着如何回击他十句？如果他指责你错了，你是不是会不服气，非得找出各种理由来证明他才是错的？更糟糕的是，当一方开始摔东西时，另一方往往也会跟着摔，形成了一种"你砸我也砸，你狠我更狠"的恶性循环。

这就是拍球效应在吵架中的具体表现，它揭示了一个可怕的恶性循环真相。虽然我们都知道，在恋爱中，情侣之间难免会有些争吵，但相信没有人会愿意和恋人频繁吵架。因此，在恋爱中，我们一定要警惕"拍球效应"这一心理机制，不能让吵架毁了我们的爱情。

李轩和婉儿结婚仅仅一个月，这对新婚夫妇就开始频繁争吵。

争吵的源头竟是一支牙膏。李轩总是习惯从中间挤牙膏，而婉儿则坚持要从尾部开始挤。这个看似微不足道的生活习惯差异，却成了他们争吵的焦点。两人都不肯让步，每一次挤牙膏都像是一场没有硝烟的战争，最终，他们决定分居。

分居的日子里，寂寞如影随形。他们开始怀念彼此的陪伴，意识到其实心中依然深爱着对方。只是，他们都太好强了，谁也不肯先向对方低头。就这样，时间一天天过去，他们分居了一个月。

一个傍晚，婉儿提前回家，准备了一顿丰盛的烛光晚餐。她打算在晚餐时向李轩妥协，希望能重新开始。正当她在厨房忙碌着，为李轩做他最爱的红烧大蟹时，一只蟑螂突然从她的脚下窜过。

婉儿并没有被吓到，但她灵机一动，拿起电话拨通了李轩的号码。"喂！亲爱的，你赶快回来，家里有只蟑螂，我快被吓死了！"她的声音里带着一丝颤抖，但更多的是撒娇和求助。

电话那头的李轩一听，立刻紧张起来。"遵命！我马上回来！"他挂断电话，匆匆赶回家。

当李轩回到家时，看到婉儿正站在厨房门口，手里拿着一把铲子，

第六章
三年之痛，爱人成了熟悉的陌生人

脸上带着一丝笑意。他立刻明白了她的用意，心中涌起一股暖流。

两人坐在餐桌旁，享受着烛光晚餐。婉儿主动向李轩道歉，说她不应该因为一支牙膏而和他争吵。李轩也意识到了自己的错误，他承诺以后会从牙膏的尾部开始挤。

从那以后，他们再也没有因为牙膏的问题而争吵过。我们必须深入了解一点，吵架并非无理取闹，也并非感情淡薄的体现。

实际上，它背后的心理诱因往往是被忽视和被威胁的感觉，表达的是一种强烈的关注需要。美国贝勒大学的心理学研究发现，在亲密关系中，当一方觉察到自己被另一方忽视或者感受到威胁时，就会本能地感情用事，通过批评或抱怨来引起争端。

原来，吵架的逻辑是这样的：当一个人表现出暴躁、愤怒或不满，用最决绝的话、最激烈的词语来表达自己的时候，他其实是在用一种极端的方式来引起别人的关注。

这种看似攻击性的行为，实际上是在提醒那个自己很在乎的人："我需要更多的关爱和注意。"而如果你不能满足对方这种深层的情感需求，对方的心理压力就会逐渐增大，情绪也必然会变得越来越糟。

了解争执背后的深层逻辑后，我们如何在现实生活中平息冲突，促进感情的和谐发展呢？

当遇到男朋友忘记重要日子，比如生日或纪念日时，不要责怪他，可以换一种说法："你知道我多希望这些特别的日子能和你一起庆祝，这对我很重要。"这样的表达方式，既传达了你的期望，也给了对方改正的机会。

又如，当你发现男朋友在社交媒体上过分关注其他女性时，可以轻松地表达你的感受："我看见你关注她们，心里有点不是滋味。你能不能多看看我，毕竟我才是你身边的那个人。"这种带有幽默的情侣间特有的调侃，既表明了你的立场，又不至于让对方感到被攻击。

总之，吵架不是感情的终结，而是双方深入了解、增进感情的契机。作为女性，我们要学会倾听、理解，并用爱的方式表达自己的需求和感受。通过这样的沟通，我们能够化解矛盾，让感情更加深厚和持久。

在爱情中，我们应以智慧和同理心去经营，将每一次的分歧转化为相互理解和成长的机会。通过这样的努力，我们可以让爱情在经历风雨后更加坚韧，成为生命中永恒的温暖和支持。

爱情攻略

> 其实吵架怎么开始的，并不重要，怎么开始都行，但一定要控制自己的情绪，做到适可而止，见好就收。

第六章
三年之痛，爱人成了熟悉的陌生人

学会正确撒娇，是爱情的润滑剂

女孩子从小就是软软糯糯的，围绕在父亲的膝畔，依偎在母亲的颈间，投入奶奶的怀抱，轻抚爷爷的胡须……这些奶声奶气的撒娇瞬间，往往能让她们的心愿轻松实现，不仅屡试不爽，更让人宠爱有加。

恋爱后的女孩如果学会撒娇，那更能紧握爱情之门的钥匙。但是，遗憾的是，许多女孩在步入社会后，因生活和工作的重压，渐渐失去了那种天然的撒娇本能，变得过于庄重和沉稳。

更有甚者，走进婚姻，为人母之后，更会以"为母则强"为由，将撒娇视为不值一提的"小伎俩"，一笑而过，或许还会说："那都是小孩子干的事，我这么大了还撒娇？"

但实际上，这种想法大错特错。撒娇，是女性独有的天赋权利，无论年龄多大，使用它都不过分。

莉莉是个普通的女孩，她长得不算惊艳，但挺有魅力。她喜欢打扮自己，家务活儿就不太上心。她老公杰克，长得帅，工作又好，对莉莉特别好，公司里的女同事都羡慕她，总问她有啥秘诀。

莉莉笑着说："哪有什么秘诀，不过我可以告诉你们一招——就是在他面前撒娇。"

有一次，莉莉请了几个同事来家里讨论工作。她们一进门，杰克就热情地给她们倒水。莉莉一看，立马换了个样子，娇滴滴地说："老公，我也要喝水，上班累死了，你也不疼疼我！"边说边摇着杰克的胳膊，眼神里都是撒娇。

杰克笑着说："你又不是客人，自己来嘛。"话虽这么说，但他眼里都是宠溺。

莉莉不放过，假装不高兴，捏了捏杰克的脸，噘着嘴说："我就想喝你倒的，怎么了？快去倒嘛，不然晚上的酸菜鱼你就别想吃了。"说着还故意眨巴眼睛，一副调皮的样子。

杰克没办法，笑着摇摇头，只好去给莉莉倒水，脸上挂着幸福的笑容。莉莉的同事们看了，都忍不住笑了，觉得这两口子真有意思。

莉莉的幸福婚姻，是她用自己的智慧和爱争取来的。撒娇，这件看似简单的小事，却成了他们爱情保鲜的秘诀。对于那些还未尝试过在丈夫面前撒娇的妻子们，不妨放下那份不必要的矜持，勇敢地试一试。

爱情，这片充满温情与甜蜜的天地，并不总是需要大动作来维系其色彩。有时候，生活中的一点小撒娇，就足以点亮彼此的世界，让爱情绽放出更加绚烂的光彩。

撒娇，它不是任性或无理取闹的同义词，而是一种细腻的情感艺术，是女性独有的魅力展现。当女性以恰当的方式撒娇时，不仅增添了情侣间的情趣，更让爱情如蜜糖般甘甜，既不过于腻味，又温馨美好。

想象一下，当你们一起准备晚餐，你可以轻轻倚靠在他身上，用柔

第六章
三年之痛，爱人成了熟悉的陌生人

和的语气说："亲爱的，切洋葱弄得我眼泪汪汪的，你能帮我切完剩下的吗？我好期待尝到你亲手做的美味啊。"

撒娇也不仅限于言语，有时，也可以是一些细微的动作，比如在他做饭时从背后轻轻环抱他，脸贴着他的背，温柔地说："看你做饭的样子，我觉得自己好幸福。"

然而，撒娇也是一门需要智慧的艺术。它要求我们掌握分寸，选择合适的时机和方式。首先，撒娇要恰到好处，不要过度，以免给对方造成负担。其次，要学会观察对方的情绪，不要在对方心情不好或忙碌时撒娇。再次，撒娇要有个人风格，找到适合自己的方式。最后，要注意场合，公共场合不宜过分撒娇，以免造成尴尬。

女孩们，在爱情中不必害羞，勇敢地展现你的撒娇，让它成为你们幸福生活的润滑剂。通过巧妙的撒娇，你不仅能让爱情更加甜蜜有趣，还能让两人的感情更加深厚，走得更远。

爱情攻略

> 撒娇是爱情中的润滑剂，它能让平淡的生活泛起涟漪，让彼此的心更加贴近。

微信扫码
① AI贴心闺蜜
② 成长必修课
③ 情商进阶营
④ 幸福研讨室

第七章

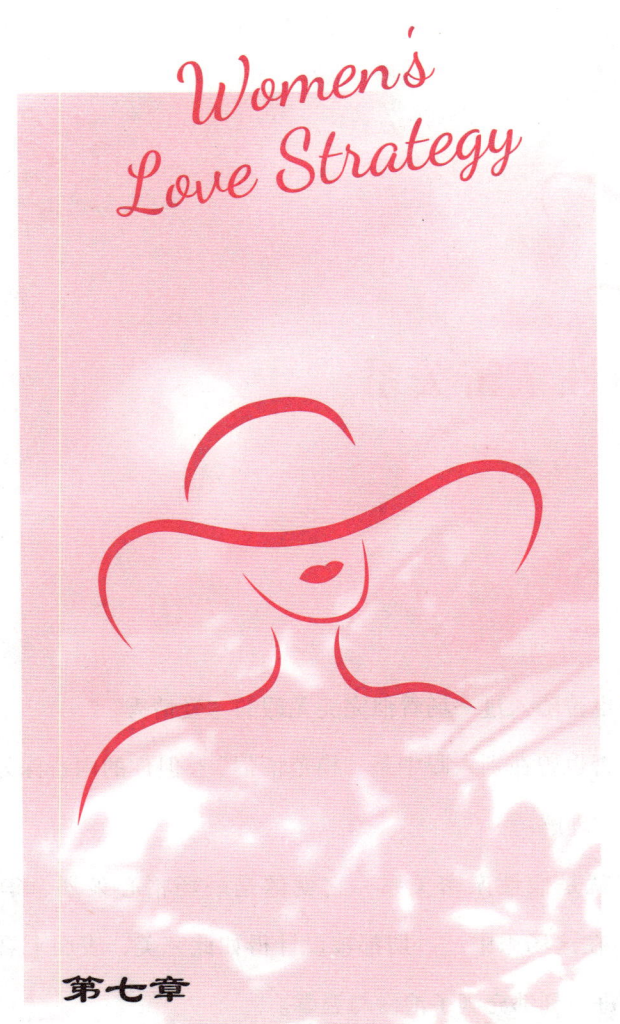

感情无法继续，是什么威胁你的亲密关系

爱情是美好的，但并不是所有的爱情都能如我们所愿，天长地久。当感情无法继续，是什么威胁了你们的亲密关系？或许是信任的缺失，让彼此的心渐行渐远；或许是生活的琐碎，磨平了曾经的激情；又或许是外界的诱惑，让其中一方迷失了方向。无论原因为何，当爱情走到岔路口时，我们总要作出选择：要么继续前行，共同面对未知的挑战；要么在此告别，各自寻找新的天空。

打破假性亲密关系

你是否也曾陷入过一场看似完美无瑕的"爱情秀"？

你们是否也曾在别人眼中是"模范情侣"？但你的内心深处却感到无比孤独和不被理解。

这其实就是假性亲密关系，它就像是一场精心策划、华丽上演的"爱情秀"。在这场秀中，一切都被设计得如此完美，表面上看起来甜蜜美满，仿佛每一刻都充满了浪漫与温馨。

在这样的关系中，双方或许频繁地互动，分享着彼此的日常琐事，甚至在外人眼中，他们是如此般配，堪称"模范情侣"。

但是，当他们卸下华丽的面具，面对真实的自己时，内心深处却往往感到无比孤独和不被理解。他们可能会惊讶地发现，自己在这段关系中更像是一个"演技派"，不断地扮演着别人期待的角色，而忽略了自己真正的需求和感受。

第七章

感情无法继续，是什么威胁你的亲密关系

雅琪在朋友圈里总是被人羡慕，她似乎拥有一个完美的家庭。她的丈夫不仅长得帅，事业有成，对她也是呵护备至。每逢节日，雅琪总能收到丈夫送的各种礼物，从名牌包包到精致的小饰品，她总是乐此不疲地在朋友圈晒幸福。

但有一天，雅琪在聚会上喝多了，情绪失控，泪水像断了线的珠子一样滚落。她边哭边说："你们不知道，我在家里的日子有多难……"朋友们这才知道，原来她一直戴着面具生活。

雅琪的婆婆是个刁钻刻薄的人，经常找她的麻烦。雅琪曾无奈地对朋友说："我婆婆又找我茬了，我真是不知道该怎么办。"朋友们听了，也只能安慰她。

而她的丈夫，虽然事业成功，但对家里的事很少过问，对雅琪也越来越冷淡。有一次，雅琪对丈夫说："你整天忙工作，家里的事你从来都不管。"丈夫只是冷冷地回答："我这么辛苦还不是为了这个家。"

那些让人羡慕的礼物，其实都是雅琪自己买的。她曾苦笑着对朋友说："这些礼物都是我自己送自己的，我只想让别人觉得我过得很好。"

有时候，朋友们会发现雅琪身上的伤痕，关心地问她："雅琪，你这伤是怎么回事？"雅琪总是强颜欢笑："没事，就是不小心摔了一跤。"她的眼神中闪过一丝苦涩，但很快就掩饰过去。

尽管有朋友想帮助雅琪，但她自己都不肯面对现实。朋友们只能默默地陪伴她，希望她能早日勇敢地面对自己的生活，找到真正的幸福。一次，一个朋友试探性地对雅琪说："雅琪，如果你觉得不快乐，我们可以帮你。"雅琪只是摇摇头，低声说："谢谢你们，但这是我自己的事，我

得自己解决。"

爱情，这一自古以来被无数诗人赞颂、画家描绘的主题，它的本质应当是心灵深处的交融，是相互成长的温暖历程，是共同面对风雨、携手并肩的坚定誓言。但在现实的纷扰与浮躁中，许多人却陷入了一种表面的亲密关系，将爱情变成了一场看似华丽却空洞的独角戏。

有些情侣在社交媒体上频繁展示他们的甜蜜，但在私下里，他们却缺少真正的交流，彼此感到孤独和疏远。有时，一方在关系中不断迁就另一方，付出了许多却得不到应有的回应，感到自己被利用。又或者，双方总是回避讨论重要的问题，情感上逐渐疏远，却还在表面上维持着和谐。

这些现象都是假性亲密关系的特征，它们提示我们需要勇敢地面对这个现实，并深思我们关系的真实性。这个过程可能会伴随着痛苦，就像蝴蝶破茧而出时的挣扎与苦痛。但只有通过这样的过程，我们才能打破束缚，展翅飞向更广阔的天空，去拥抱那些真实、深刻、触及灵魂的爱情。

不要害怕，勇敢地迈出那一步吧！去寻找那份能让你完全放松警惕、回归真实自我的爱情。生命是短暂的，我们没有理由将宝贵的时间耗费在虚伪和敷衍之中。我们应该追求的是一种真挚的关系，在那里，我们可以自由地表达自己，共同成长，一起面对生活的挑战。

让我们勇敢地面对爱情中的真相，不畏惧痛苦与变化，因为只有这样，我们才能找到那份真正让我们心灵得到满足和平静的爱情。

第七章
感情无法继续，是什么威胁你的亲密关系

爱情攻略

> 要么爱得长长久久、白头到老，要么洒脱果断，真正的爱情应该是两颗心灵的深度触碰和彼此成长的见证，而不是一场华丽的独角戏。

异地恋，要么结束"异地"要么结束"恋"

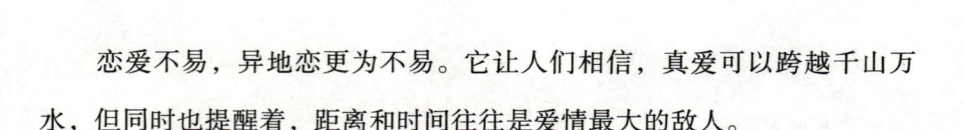

恋爱不易，异地恋更为不易。它让人们相信，真爱可以跨越千山万水，但同时也提醒着，距离和时间往往是爱情最大的敌人。

异地恋的困难并不仅仅在于物理上的距离，更多的是心理上的孤独感、不安全感以及对未来的不确定性。当两个人身处不同的城市，甚至不同的国家，他们的生活节奏、工作环境、社交圈子都可能完全不同。这种差异会导致他们在很多问题上产生分歧，甚至无法理解对方的处境和感受。

缺乏有效的沟通是异地恋中最致命的问题之一。当一方需要帮助、安慰或者仅仅是想要分享生活的点滴时，另一方可能因为工作、学习或者其他原因无法及时回应。这种情感的空缺会让双方感到越来越孤独和无助。久而久之，小问题也可能逐渐累积成大问题，最终导致关系的破裂。

第七章

感情无法继续，是什么威胁你的亲密关系

晓雨和杰森是一对处于异地的情侣。晓雨在北京的一家知名互联网公司做项目经理，聪明又能干；杰森在上海的一家国际企业当高管，幽默又细心。虽然两人相隔千里，但他们每天都通过视频通话，分享彼此的生活。

但随着时间推移，异地恋的难处开始显现。两人工作都忙，有时候沟通不及时，就会闹误会。有一次，晓雨因为项目加班到很晚，忘了告诉杰森。杰森等了很久，最后等来的却是晓雨的匆忙回复，他感到很失望。

杰森在电话里问："晓雨，你今天怎么回事？怎么不回我消息？"声音里带着疲惫和不满。

晓雨也很无奈："对不起，杰森，项目出了问题，我忙得不可开交，真不是故意的。"

杰森还是有些不高兴："但我感觉自己被忽视了。"

晓雨听了，眼泪就掉了下来："我也在努力，你能不能体谅我一下？"

两人冷战了几天，都不好受。最后，晓雨鼓起勇气给杰森打电话："杰森，我们需要好好谈谈。我知道我那天疏忽了，但我也希望能得到你的理解。异地恋不容易，我们需要更多的理解和包容。"

杰森听了，也意识到自己有些冲动："晓雨，对不起，我也有错。我应该更理解你，我们不能让距离影响我们的关系。"

这次风波过后，两人更加珍惜对方，开始更频繁地沟通，不让工作忙成为感情的障碍。

两年后，杰森作出了一个重大决定，他放弃了在上海的高薪工作，

申请前往北京的一家知名公司。当他告诉晓雨这个消息时,晓雨感动得哭了。

几个月后,杰森带着对晓雨的爱来到北京。两人在车站紧紧拥抱,所有的等待和付出都化为了幸福的泪水。他们在北京安了家,一起经营起了温馨的小日子。晚上,他们会一起散步,分享彼此的梦想和未来。

他们的故事鼓舞了许多异地恋的情侣,证明了只要有共同的目标和努力,异地恋也能有美好的结局。

然而,尽管异地恋充满了挑战和困难,但并不意味着它注定会失败。事实上,有很多异地恋情侣通过共同的努力和坚持,最终走到了一起。他们之所以能够成功,是因为他们愿意为了爱情去付出、去改变、去努力。

结束"异地"是异地恋情侣最常见的选择。这通常意味着一方需要作出牺牲,放弃自己原本的生活和工作,去另一方所在的城市重新开始。

这种选择并不容易,因为它需要一方放弃很多自己已经拥有的东西,去适应一个全新的环境。但是,对于那些真正相爱的人来说,这种牺牲是值得的。因为他们知道,只要能够在一起,所有的困难和挑战都可以共同面对。

当然,并不是所有的异地恋情侣都有能力或愿意结束"异地"。有些情况下,双方可能因为工作、家庭或其他原因无法轻易改变自己的生活轨迹。这时候,他们就需要作出另一个艰难的选择——结束"恋"。

这并不意味着他们不再相爱,而是因为他们认识到,继续维持这段异地恋只会让彼此更加痛苦和疲惫。与其在距离和时间的折磨中渐渐失

第七章
感情无法继续，是什么威胁你的亲密关系

去对方，不如在还深爱着的时候选择放手。

无论是选择结束"异地"还是结束"恋"，都需要双方有足够的勇气和智慧。这需要他们坦诚地面对彼此的感受和未来的可能性，也需要他们愿意为了对方的幸福而作出牺牲。在这个过程中，沟通显得尤为重要。双方需要坦诚地交流彼此的想法、感受和期望，共同寻找最适合双方的解决方案。

爱情攻略

> 异地恋，是一场关于爱、勇气与坚持的考验。它教会我们，真正的爱情不仅仅是花前月下的浪漫，更是风雨同舟的陪伴。

不爱了，就放手，不必做过分的纠缠

在生活的舞台上，我们时常目睹一种"纠结"的剧情：双方的爱情早已支离破碎，然而其中一方却固执地不愿放手，无论是通过协商还是其他方式，都无法撼动其坚守的决心，最终让另一方深陷长久的焦虑与困扰之中。而在那些表面看似各自为政、互不干扰的复杂情感背后，也鲜有人能真正挣脱爱情的束缚。

面对名存实亡的爱情，为何他们选择不放手？

这看似匪夷所思，实则背后隐藏着一种普遍的心理现象——路径依赖心理。这种心理，如同物理学中的"冲力"与"惯性"，一旦人们踏入某种状态或作出某种选择，便会对这种思维和行为模式产生深深的依赖，按照既定的轨迹前行。

换言之，路径依赖心理就像是一个人在一条路上长途跋涉，即便发现这条路崎岖不平、步履维艰，也不愿回头重新选择。走得越远，惰性

第七章
感情无法继续，是什么威胁你的亲密关系

越重，回头的可能性越低，最终在不知不觉间踏上了"不归路"。

诚然，爱情不仅仅是两个人的事，它还牵涉双方的情感依赖、生活习惯、共同回忆等诸多方面，这些都不是轻易就能割舍的。我们常常看到，有些伴侣因为无法忍受对方的某些习惯而决意分手，然而分手后，没有了对方的陪伴，他们却反而感到空虚和不适。

陈星和唐北北是相亲认识的，两人一拍即合，很快就陷入了热恋。但热恋的激情没持续多久，生活的琐事和压力开始慢慢侵蚀他们的关系。工作上的烦恼、个人成长的不同步，让两人之间的距离越来越远。以前他们无话不谈，现在却相对无言；以前的激情变成了现在的平淡。

唐北北渐渐感觉到，他们之间似乎已经没有了那种心灵的共鸣。陈星也察觉到了变化，但她害怕失去唐北北，害怕孤独，因此她开始变得偏执，死死抓住这段感情不放。

有一天，陈星哀怨地问唐北北："你为什么不再像以前那样对我笑了？"她紧抓着唐北北的衣袖，好像怕他随时会消失。

唐北北叹了口气，说："陈星，我们都需要冷静一下，我们的关系已经变了。"

但陈星听不进去，她开始用各种方式试图挽回唐北北的心。她不停地发短信、打电话，甚至跟踪他，偷看他的隐私。在一次争执中，陈星冲动地拿起水果刀，威胁唐北北："如果你离开我，我就……"

唐北北惊恐地夺过刀子，恳求道："陈星，别这样！我们好好谈谈。"

但陈星的行为没有停止，反而越来越极端，让唐北北感到窒息。他尝试沟通，希望陈星能理解，但陈星的坚持像一张网，紧紧束缚着他。

最终，这段疲惫的爱情影响了唐北北的工作，他因为无法集中精力而出错，最后失去了工作。这个打击让唐北北彻底清醒，他意识到再这样下去，只会让两人更痛苦。

在一个雨夜，唐北北鼓起勇气和陈星进行了深刻的对话。他坦诚地分享了自己的感受，也祝福了陈星的未来："陈星，我希望你能学会放手，找到真正属于自己的幸福。"

陈星听着唐北北的话，泪水滑落。她终于明白，爱情不是强求，而是两颗心的自然靠近。经过挣扎和反思，她决定放手，给彼此一个重新开始的机会。

后来，陈星和唐北北各自开始了新的生活。他们虽然不在一起，但都在成长中找到了自己，学会了如何更健康地去爱。那段疲惫的爱情，成为了他们生命中的一段记忆，提醒他们爱与自由同样重要。

爱与不爱在情侣间的表现是很明显的，可以通过细心观察和感知去判断这段感情是否已经出现了危机。

你可以留意沟通的变化，比如对方是否逐渐减少与你的分享，不再像以前那样主动告诉你他的日常琐事或表达关心；同时，观察对方的行为是否有所改变，比如他是否不再主动为你做事，或者对你的需求变得冷漠，不再像以前那样关心你的感受和需要。

这些迹象都可能表明情感已经淡化，当确定对方不再爱时，果断分手是保护自己情感健康的重要一步，需要勇气和决心，要与对方进行坦诚的沟通，表达你的感受和观察，比如告诉他你注意到了他行为上的变化，并询问他的看法，共同理解现状。

第七章
感情无法继续，是什么威胁你的亲密关系

在分手过程中，设定清晰的边界以保护自己，避免过多的纠缠和争吵，比如不再主动联系对方，给自己一些时间和空间去恢复。

爱情攻略

> 分手是一个痛苦的过程，但也是成长的机会。专注于自我提升和发展，培养新的兴趣爱好，与朋友共度时光，这将帮助你逐渐走出分手的阴影，迎接新的生活。

发现出轨，该原谅还是直接离开？

"婚姻就像围城，城里的人想出去，城外的人想进来。"或许也正是这个原因，男女之间的出轨现象似乎已经变得屡见不鲜。它如同一把无形的利刃，悄无声息地割裂了许多原本幸福美满的婚姻，成为导致夫妻离婚的重要原因之一。

究竟是什么原因驱使人们背叛自己曾经深爱并承诺相守一生的伴侣，甚至如同吸食了鸦片一般，欲罢不能，一次又一次地试探呢？

有的人可能贪图一时的身体享受，追求新鲜感和刺激；有的人则是为了换取某种利益，将感情作为筹码进行交易；还有的人可能是为了排解生活中的心理压力，寻求一种错误的慰藉。

然而，除了这些表象之外，"出轨"这一行为其实还隐藏着更深层次的心理需求——那就是禁果心理。禁果心理，指的是当一件事物被简单地、理由不充分地禁止时，这种禁止反而会赋予这件事物一种区别于其

第七章
感情无法继续，是什么威胁你的亲密关系

他事物的特殊吸引力，使得人们尝试的欲望更加强烈，几乎无法抗拒。

在婚姻关系中，这种禁果心理往往表现为对婚姻之外情感的禁忌和好奇，一旦有机会触碰，便可能一发不可收拾。

糖糖和邢立伟结婚五年了，有个活泼可爱的儿子豆豆。邢立伟工作挣得多，糖糖就在家全职带孩子。

邢立伟工作特别忙，经常出差，有时候一走就是好几个月。他是个实在人，不太会说话，也不怎么表达感情。这让糖糖心里有点不是滋味，感觉被忽视了。

有一天，糖糖的微信收到一个好友请求，一看头像，心"咚"地跳了一下——是她以前暗恋的对象张伟。她心里犯嘀咕，这么多年没联系，怎么突然找她了。但她还是接受了好友请求。

张伟很快发来消息："在吗？好久不见，你过得还好吗？"糖糖心跳得快了点儿，回道："我挺好的，你呢？"

张伟回得有点苦涩："我感情上不太好。"

糖糖记得暗恋时张伟有女朋友，就没敢表白，后来听说他们结婚了。她好奇地问："你怎么了？"

张伟很快回复："我离婚了，性格不合。"

糖糖心里有点高兴，接下来的日子，她和张伟聊天越来越多。张伟的关心让她感到温暖，好像又找回了对爱情的期待。终于有一天，两人没控制住，作出了越界的事。

事后，糖糖特别害怕，怕邢立伟发现。她不想这个家散了，不管是因为爱邢立伟，还是舍不得豆豆，或者是习惯了现在安稳的生活。但是，

纸包不住火，她心里老觉得有把剑悬在头上，整天提心吊胆的。

婚姻，作为一种建立在深厚情感之上的契约，其基石是坚守"一夫一妻"的忠诚。这一原则是婚姻的底线，逾越它，不仅破坏了双方的信任，也会受到社会的道德谴责。但在今天，出轨似乎成了一种被神秘化的现象，吸引着人们的好奇心，诱使他们试探禁区，却往往在激情过后，留下深重的恐惧和自责。

出轨可以分为肉体和精神两种。肉体出轨是身体上的背叛，而精神出轨则是心灵上的背离，即使身体未越轨，心却已飞向他人。无论哪一种，对伴侣都是一种深刻的伤害。

出轨的迹象可能多种多样，但它们通常涉及伴侣行为的明显变化：

比如，他可能开始更加秘密地使用手机和电脑，对屏幕保护意识突然增强，甚至可能更改了密码。他可能突然对外表和穿着变得更加讲究，频繁更新社交媒体状态，而这些往往与日常生活无关。工作或社交活动增加，经常晚归或找借口不在家，也可能是迹象之一。

情绪上，他可能变得冷淡或疏远，对家庭生活不再那么投入，甚至可能对性生活失去兴趣。此外，经济上的变化，如异常的支出或银行账户的变动，也可能是出轨的迹象。然而，这些迹象并不一定意味着出轨，它们可能由其他原因引起，因此，在得出结论之前，与伴侣进行开放和诚实的沟通至关重要。

面对爱人的出轨，保持冷静是困难的。但如果你仍想维系这段婚姻，就需要尝试用理解和包容来面对。不要只是追问和责备，而是用更多的关心和爱去感化对方，希望他们能意识到"禁果"的吸引力终将消退，

第七章
感情无法继续，是什么威胁你的亲密关系

而选择回归家庭。

然而，如果对方一再不忠，屡教不改，离婚可能就成了唯一的选择。虽然这不是我们希望的结果，但持续的背叛是难以忍受的。果断地结束这段关系，摆脱了"一夫一妻制"的束缚和"禁果心理"的诱惑，那些看似诱人的"禁果"也会失去它们的吸引力。

我们应该认识到，婚姻不仅仅是一纸契约，更是心灵的契合和生活的伙伴。真正的忠诚来自对彼此深刻的理解和尊重，而不是简单的约束。在婚姻中，我们应该追求的是相互成长和共同的幸福，而不是短暂的激情和长久的悔恨。

爱情攻略

> 原谅或离开，并非简单的对错，而是关乎你内心的平静与未来的幸福，哪条路能让你的心灵得以解脱，让你的生活重新充满阳光，让未来充满光明与希望，就选择哪条路。

没有性，就不算爱情吗？

"柏拉图式爱情"这一概念，源自古希腊哲学家柏拉图，它代表了一种理想化的爱恋，强调心灵上的交流与精神上的依恋，而非肉体上的接触。在这种理念中，爱情被赋予了一种高洁的形态，性欲则被视为对这份纯洁的玷污。

我们不禁思考，如果爱情能如初雪般纯净，不被世俗所污，那它将呈现出怎样的景致？心灵的共鸣，精神的默契，无私的奉献，这些元素共同织就了柏拉图式爱情的独特风采。但在现实的冲击下，这样梦幻般的爱情又能持续多久？真正能够超脱性欲束缚，让爱情自由绽放的人又有多少？

答案或许是寥寥无几，甚至为零。因为人之本性，需求如影随形。正如古人所言："食色，性也。"食欲与性欲，都是人类本能的需求，无论男女，都难以逃避这一规律。因此，"柏拉图式爱情"在现实中往往只能

第七章
感情无法继续，是什么威胁你的亲密关系

是一种崇高的精神追求，难以找到它的踪迹，因为它挑战了人类的基本心理需求。

性，实际上是爱情的自然延伸，是夫妻关系的黏合剂，是婚姻生活中的重要组成部分。性的存在，让夫妻关系区别于其他任何关系，赋予了它独特的亲密性和深度。缺少了性的滋养，夫妻可能会逐渐疏远，婚姻也可能变得脆弱，难以达到幸福的彼岸。

在理解爱情与性欲的关系时，我们应认识到，它们并非对立，而是相辅相成。一个成熟的关系，需要心灵的相通，也需要身体的亲密。只有在两者和谐统一的基础上，爱情才能健康生长，婚姻才能稳固发展。

李晴和她的丈夫在别人看来是绝配，但婚后第三年，他们的婚姻却悄无声息地走向了尽头。

问题出在李晴对性的看法上。她传统而保守，认为性只是为了生育。她和张伟的性生活寥寥无几，每次李晴都显得勉强。

张伟感到困惑和沮丧。一天，他尝试和李晴沟通："晴，我们得谈谈，性生活对婚姻很重要，你明白吗？"

李晴却生气地回应："难道你就只在乎这个吗？我以为你爱的是我这个人。"

张伟叹气："我爱你，但我也希望我们的婚姻是完整的。"

随着时间推移，两人之间的隔阂越来越深。张伟再次尝试沟通："晴，我建议你去看看心理医生，这对你我都好。"

李晴却更加生气："我没问题，是你想得太多。"

最终，在一次深夜的争吵后，两人沉默地坐在沙发上。张伟缓缓地说："晴，如果这个问题我们解决不了，我们可能要考虑……分开。"

李晴泪眼蒙眬，她知道张伟的意思，经过长时间的挣扎，她终于点了点头："也许……你是对的。"

两人的对话简短却充满无奈，最终，他们决定离婚，结束了这段无法在性生活上达成共识的婚姻。

性能带来激情与生理的满足，缺失了性的婚姻，是否就意味着对生命的某种摧残？试想，一个正常的男人，拥有对性生活的正常需求，却与一个对性毫无兴趣的女人共度余生，这样的结合，真的能携手白头吗？当妻子的怀抱无法满足他的性渴望，他是否会在外界寻求慰藉？

性，不仅仅是生理的行为，它更与精神世界紧密相连。那么，爱情之中，是否真的不能缺少性欲的成分？或许有人会说，柏拉图式的精神恋爱太过理想化，并不存在于现实之中。

而今，社会上的一夜情、多夜情、婚外情等现象屡见不鲜。虽然柏拉图式的恋爱显得有些不切实际，但如果爱情仅仅为了满足一时的肉体快乐，那么这样的感情，恐怕只能算是最低级的情感表达，它是否真的能被称为爱情？

性欲虽然是一种身体和心理的本能，但是人之所以是高级的生物就是因为人有思想，把心理需求提升一下，有一个理智的控制，那就是让自己的身体属于爱情，可以为爱情而有性欲，这样我们就能体会到一种

第七章
感情无法继续，是什么威胁你的亲密关系

蕴含着真挚热烈情感和精神追求的灵与肉的结合，这样的感情才能融洽美满。

爱情攻略

> 我们不能简单地将性与爱情画等号，也不能因为一个人对性的态度就否定他的爱情。真正的爱情，应该是包容、理解和尊重的，它不应该被任何一种固定的模式所束缚。

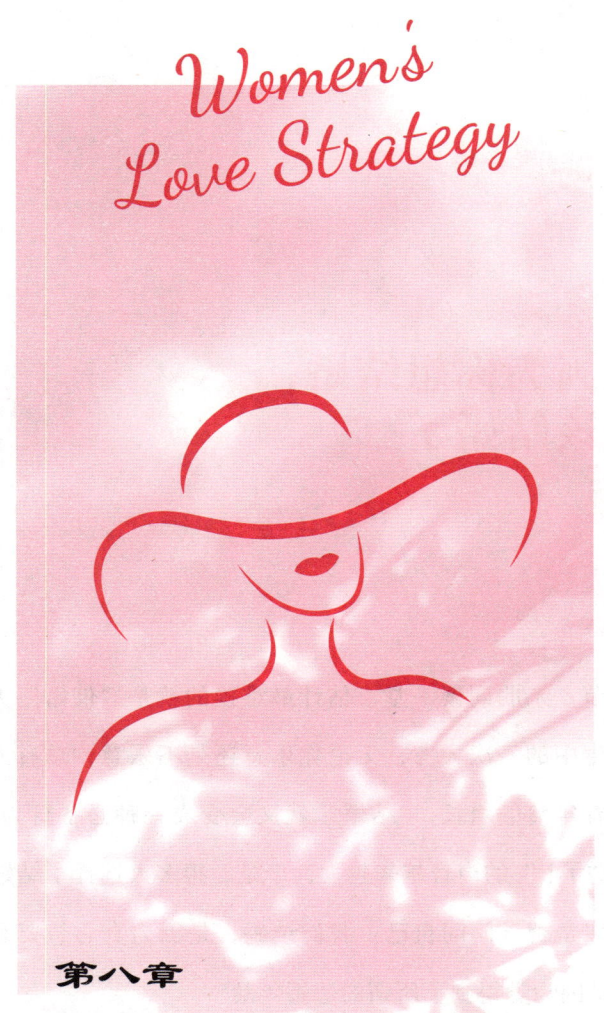

Women's Love Strategy

第八章
爱情的进程，走过恋爱，向婚姻出发

爱情的尽头一定是婚姻吗？其实并非如此。婚姻只是人生众多答案中的一个选择，它并不意味着每段恋情的最终归宿。人们选择婚姻，往往是因为在某个时刻，内心涌起了想要与伴侣共度余生的渴望，是因为想结婚了。但无论选择何种生活方式，最重要的是顺其自然，相信一切都会有最好的答案。无论是恋爱、婚姻还是其他人生路径，每一步都值得我们用心体验和珍惜。

结婚只因为你想结婚，而不是该结婚了

新春时节，亲朋同聚一堂，估计最难挨的就是"催婚"大戏了！婚姻就像是人生中的一次大考，无论你乐意还是不乐意，总有人催促着你去考试。随着年龄的增长，"结婚"就又会变成一种必备行为，"这个年纪了，该结婚了！"的声音越来越大，于是，很多人选择了结婚。

但是，你是否该问问自己：我们结婚，是因为真心想要和这个人共度一生，还是因为觉得到了所谓的适婚年龄？

有句老话说，"不以结婚为目的的谈恋爱，都是耍流氓"。这话虽然有点戏谑，但也透露出大家对婚姻的一种普遍期待。但别忘了，婚姻的本质，是两个相爱的人，因为真心想要在一起，而决定携手同行，而不是因为社会的期待或者时间的压力。

决定结婚，应该是出于你自己的内心，是你对未来生活的向往和规划，而不是因为别人的议论或者传统的观念。就像美国作家亨利·詹姆

第八章

爱情的进程，走过恋爱，向婚姻出发

斯说的，"不要因为觉得到了该结婚的年纪就匆忙结婚，而是因为找到了那个想要一起走过余生的人"。

结婚不是一场赛跑，也不是一项任务，没有规定的时间限制。它不是别人眼中的"应该"，而是你心中的"想要"。在这个快节奏的时代，我们更应该放慢脚步，听从内心的声音，找到那个愿意和你一起慢慢变老的人。

张蕾，一个32岁的职业女性，总是保持着优雅和自律。自从大学毕业后，她就顺利地进入了一家知名企业。凭借着出色的工作能力和不懈的努力，她的职业生涯可谓是一帆风顺。但是，忙碌的工作让她无暇顾及个人感情，渐渐地，她成了别人眼中的"大龄未婚女性"。

面对亲戚朋友的不断催婚，张蕾总是微笑着回应："我要找到真正合适的人，不打算将就。如果婚姻都要将就，那生活还有什么意思？"她的母亲听了，只能无奈地摇头："你啊，从小就固执，现在也不小了，怎么还这么犟。"

张蕾握着母亲的手，眼神坚定："妈，人生不能将就。我相信我会找到那个对的人，遇到真正的爱情。"

时间如白驹过隙，两年时间转瞬即逝。张蕾依旧坚守着自己的信念，没有因为外界的压力而妥协。终于，在某个春日的午后，她遇见了他——一个成熟、稳重又帅气的男士。他们的相遇就像是命运的安排，一切都那么自然而然。

他们一起在公园的小路上散步，春风吹过，带来阵阵花香。张蕾看着他，感受到了前所未有的安心和温暖。她知道，她等待的人终于出现了，这就是她不愿将就的爱情。

现在，张蕾和他已经结婚了，一起开始了幸福的生活。张蕾的故事告诉我们，有时候，坚持自己的信念，不随波逐流，真的能等到属于自己的幸福。

在现实生活中，许多人因为"该结婚了"而匆匆步入婚姻，他们可能受到了家庭、亲友或社会的催促，也可能因为害怕孤独或追求稳定而选择结婚。但这样的婚姻，往往缺乏深厚的感情基础和共同的愿景，因此在面对生活的挑战时，更容易出现裂痕甚至走向崩溃。

相比之下，那些因为"想结婚"而结婚的人，他们的婚姻往往更加稳固和幸福。因为他们是基于对彼此的深爱和对未来的共同期待而走到一起的，所以更愿意在困难面前携手同行，共同创造美好的生活。这样的婚姻，不仅让个体感到满足和幸福，也为社会带来了更多的和谐与稳定。

那么，如何才能在面对婚姻的选择时保持清醒和自主呢？

首先，我们需要学会倾听自己内心的声音。不要盲目地跟随社会的步伐或为满足他人的期待，而要深入探索自我，问问自己：我真的想结婚吗？我愿意与这个人共度余生吗？在面对家人或朋友的催婚压力时，应该静下心来，认真思考自己对于婚姻的真实期待和准备，而不是草率地作出决定。

其次，我们需要勇敢地面对社会的压力和传统的束缚。不要因为"到了该结婚的年龄"或"为了符合社会的期待"而匆匆步入婚姻。例如，社会上有些人对于未婚或晚婚的人持有偏见，认为他们"不正常"

第八章
爱情的进程，走过恋爱，向婚姻出发

或"有问题"。

最后，我们需要不断地学习和成长，以建立健康的婚姻观念和伙伴关系。通过阅读、交流、心理咨询等方式，我们可以更深入地了解自己在婚姻中的需求和期望，学习如何与伴侣建立平等、尊重、理解的关系。比如，我们可以学习沟通技巧，了解如何处理冲突和分歧；我们可以研究亲密关系的发展规律，明白如何在婚姻中保持新鲜感和激情；我们还可以借鉴成功婚姻的经验，学习如何培养共同的价值观和兴趣。

总之，婚姻是一种基于爱情和承诺的伙伴关系，而非一种社会义务或时间节点上的必然选择。只有当我们真正理解了这一点，并勇敢地追求自己的幸福时，才能在婚姻的道路上找到真正的归属和满足。

爱情攻略

> 勇敢追求自己的幸福，不畏外界眼光，不惧前路挑战，因为真正的幸福，只属于那些敢于听从内心声音，坚定走向自己梦想的人。

情到浓时，婚姻是自然结果

王菲和陈奕迅曾携手演唱的《因为爱情》仿佛在诉说着，有爱人相伴的日子，即使简单如水也能品出饱满的滋味。人人向往爱情，有的人幸运地早早遇见了生命中的另一半，共同组建家庭，携手共度人生风雨；而有的人却在爱情的道路上屡遭挫折，一次次地相遇又别离，最终仍孤身一人。

年过三十而仍未婚配，便被视为普通的"剩男剩女"；而一旦跨过三十五岁的门槛，甚至年纪更大却依然单身的男女，则会被形象地称为"黄金剩男剩女"。尽管人们常常以调侃的语气谈论自己或他人的感情状况，但其中蕴含的辛酸与无奈，唯有当事人自己能够深刻体会。

其实，很多人并不愿意长期保持单身状态，只是因为他们曾经错过了一次机会，便心灰意冷，对爱情失去了信心。在迟迟未能遇见对的人

第八章

爱情的进程，走过恋爱，向婚姻出发

之后，他们开始放纵自己，享受着看似自由的单身生活。

然而，这样做的结果往往是一个恶性循环：他们越来越难以投入新的感情，只能将单身生活继续下去。殊不知，当爱情真正到来时，婚姻便是最自然、最美好的结果。

杨帆和麦子大学毕业时，不顾家里人的反对，带着两个大箱子就跑到了北京。他们想在这个大城市里闯出自己的一片天。但现实远比他们想象得残酷，找房子、找工作，每一步都不容易。

虽然他们在学校里就谈了好几年恋爱，感情挺好，但一走出校园，生活的重压让他们经常吵架，心情也越来越差。

终于有一天，两人又吵了起来，麦子眼睛红红的，拎起箱子就说："我们还是分手吧。"说完她就走了，再没回头。麦子从小在家被宠着，哪受过这种苦。再加上她爸妈一直催她回老家找个稳定工作，她心里早就动摇了。

麦子走后，杨帆把心思全放在工作上，想用工作来忘掉心里的空虚。虽然有女孩子对他有意思，但他没那个心情，就想着工作。

时间过得飞快，一晃十年过去了，杨帆事业上干得不错，成了公司里的中层领导，但仍然单身。这些年，他看着周围的人一个个结婚生子，前女友麦子也有了自己的家庭。外人都以为他放不下过去，其实不是，他心里对爱情的渴望一直没变，只是没遇到合适的人。

他也试过相亲，家里安排的、公司组织的活动都去了，但都没成。每次相亲失败，他都会怀疑自己，并感到孤独和挫败。

有时候，晚上一个人在家，看着窗外的月亮，心里就特别不是滋味。

记得有一次，他发烧了，家里就他一个人，连站都站不稳，那时候他真希望能有个人在身边照顾他。

人类作为群居的物种，长期孤独不仅会带来心理压力，也容易滋生负面情绪。原本开朗的人可能会变得消沉，而内向的人可能会更加封闭自己。朋友的陪伴和职业的成功虽然能提供一时的安慰，但并不能完全弥补人们内心深处对于伴侣的渴望。

追求爱情本身是一件美好的事情，它让我们心怀期待，感受到幸福的可能性。但如果因为急切地寻找伴侣而感到焦虑，那么这份追求就会变成一种心理负担。

在感情的世界里，强求往往适得其反。我们越是急切地寻找，有时候越容易与真正的爱情擦肩而过。这就像是手中的沙子，握得越紧，流失得就越快。我们需要学会耐心等待，同时不断地审视和提升自己，以更加成熟的心态去迎接幸福的生活。

正视并解决自己的问题，是缓解焦虑的第一步。单身并不是一种失败，我们也不应该因为外界的压力而感到内疚或让焦虑情绪升级。生活和感情的选择权在我们自己手中。通过参与社交活动，拓展我们的社交圈，即使暂时还没有找到理想的伴侣，也能通过与他人的交流来释放内心的不安，为情感找到宣泄的途径。

就像培育一棵树，我们不能期望它一夜之间就长成参天大树，而是需要耐心照料，给它足够的时间自然成长。

同样，感情的培养也需要耐心和时间。我们不能强迫别人立即爱上我们，也不应该因为一时的孤独就急于开始一段感情。以开放的心态去

第八章
爱情的进程，走过恋爱，向婚姻出发

结交朋友，真诚地对待每一份感情，你会发现，真正的爱情可能已经在不经意间来到了你的身边。

爱情攻略

> 上天对爱情自有安排，沉浸在自己的世界里故步自封并无益处，争抢的感情也并不真实，不如静候佳音，顺其自然，让感情在合适的时候绽放，最终走向婚姻的殿堂。

只谈恋爱不结婚，你到底在害怕什么

"你爱我吗？"

"爱！"

"那我们结婚吧，好吗？"

"不好！"

这是电影《落跑新娘》里的桥段，其实，许多人在现实之中也上演着这样的"恐婚大戏"。

恐婚的原因是什么呢？是害怕婚姻会像牢笼一样束缚住你的自由，还是担心婚后的生活会像电影《革命之路》里的那样，充满琐碎和争吵，让爱情逐渐消磨殆尽？又或者，你是害怕自己付出比较多，最后却得不到应有的回报？

其实，这些害怕都情有可原。毕竟，婚姻是人生中的一大步，需要勇气和决心。但是，婚姻并不是爱情的坟墓，而是爱情的延续和升华。

第八章

爱情的进程，走过恋爱，向婚姻出发

勇敢地迈出那一步，你会发现，婚姻其实并不可怕。相反，它会给你带来更多的幸福和满足。毕竟，人生就像一场戏，因为有了伴侣的陪伴，才能更加精彩纷呈。

雨萱和大志恋爱已经十年了，他们俩是自由恋爱，有共同的爱好，相处得很愉快。但奇怪的是，他们一直没结婚。

雨萱不是那种急着结婚的人，每次家里人催她，她总是笑着说："我还小呢，结婚不急。"她想和大志多享受享受二人世界，晚点结婚生孩子，她觉得没什么大不了的。

可时间过得飞快，转眼雨萱就三十岁了。在她生日那天，她许了个愿望，希望能和大志领证结婚，有个幸福的家庭。她双手合十，闭眼默念愿望时，大志好奇地凑过来问："许的什么愿啊？这么认真！"

雨萱有点害羞，笑着说："我想今年我们能结婚，然后生个宝宝。"她期待地看着大志，等他回应。

大志听了后，并没有雨萱期待中的高兴，而是认真地说："我觉得我们现在这样就挺好，结婚不结婚无所谓，就是个形式。"

雨萱听了一愣，她再次确认大志的想法后，才明白自己面前的这个男人是个不婚主义者。大志只想恋爱，不想结婚。

这让雨萱感到失落和迷茫。她尝试和大志沟通，希望他能改变想法，但大志很坚定，一点不动摇。最后，雨萱做了决定，她选择和大志分手，去寻找那个愿意和她一起走进婚姻的人。

"大志，我知道你的想法了，但我需要的是一个家，一个承诺。我们……还是分手吧。"雨萱含泪说。

大志看着雨萱，沉默了一会儿，最后点了点头："如果你觉得这样更好，我尊重你的选择。"两人就这样平静地结束了长达十年的恋情。

婚姻，这个人生的重大决策，对许多人来说却像是一道难以逾越的门槛。为何如此多的人在它的门前徘徊不前，甚至心生畏惧？心理学家们深入探讨了这一现象，并揭示了背后的几大原因。

首先，结婚成本的高昂让许多人望而生畏。在物价不断上涨的今天，婚礼、房子、车子等结婚所需的开销，如同沉重的负担，压得年轻人喘不过气来。要打破这种恐惧，情侣们可以共同制定合理的预算，或者选择更为简约的婚礼，将焦点放在彼此的爱情和共同的未来上。

其次，婚姻的脆弱性和责任感的缺失也是让人犹豫的因素。离婚、婚外情等现象的普遍，削弱了人们对婚姻的信心。一些年轻人害怕承担起家庭的责任，担心自己无法面对养家糊口、赡养老人、抚养子女等压力。要增强对婚姻的信心，可以通过学习成功的婚姻案例，了解如何经营和维护婚姻关系，并在恋爱期间就开始共同承担一些责任，培养团队协作能力。

最后，对婚前自由生活的依恋和对承诺的恐惧也是不容忽视的原因。习惯了单身生活的自由和无拘无束，一些人担心婚姻会限制他们的独立性和自由。他们害怕承诺，害怕失去其他可能性。要克服这种恐惧，双方需要坦诚交流对婚姻、自由的期望和界限，制定共同的规则和约定，保持个人空间和自由度。同时，通过共同的爱好和活动来加深感情，让婚姻生活更加多彩。

婚姻不是终点，而是一段新的旅程的开始。它需要理解、沟通和共

第八章
爱情的进程，走过恋爱，向婚姻出发

同努力，只有这样才能使两个人的旅程充满爱与和谐。通过正视这些恐惧和挑战，我们才能更加成熟地步入婚姻，共同创造幸福的未来。

爱情攻略

> 婚姻并非生活的终点，而是真爱与共同成长的新起点。带着智慧与勇气，携手共绘幸福的蓝图，你会发现，婚姻的世界远比想象中更加美好和丰富。

失去信任，就意味着婚姻陷入了不确定

一位心理学家曾说："信任是婚姻关系中两个人所共享的最重要特质，也是建立任何一种人际关系的基础。没有了信任，也就没有了婚姻。"的确，在婚姻的殿堂里，信任如同空气，虽无形却至关重要，它让双方在生活的风雨中相互扶持，共同前行。而当信任消失，婚姻便失去了其赖以生存的氧气，开始窒息。

电视剧《离婚律师》中，有一对夫妻因丈夫的背叛而走向了婚姻的破裂。妻子在发现丈夫的秘密后，痛苦地说："我失去了对你的信任，我不知道我们还能不能继续走下去。"这句话，道出了信任丧失后婚姻的脆弱与无助。在现实生活中，这样的场景并不罕见。一旦信任被打破，无论之前的关系多么牢固，都会在瞬间变得摇摇欲坠。

失去信任的婚姻，充满了猜疑与不安，双方开始用审视的眼光看待对方，每一个细微的动作都可能被解读为不忠的信号。在这种氛围下，

第八章
爱情的进程，走过恋爱，向婚姻出发

沟通变得困难，理解变得稀缺，而爱意则在不断的猜疑中被消磨殆尽。

李婉的丈夫是IT公司的经理。结婚初期，每当他加班晚归，李婉总是体贴地想，他可能又忙项目了。她总是站在门口，微笑着等他回家，两人的感情好得没话说。

但随着时间流逝，李婉变了。又一次晚归，她对着桌上的冷菜和孩子抱怨："你爸爸又加班，咱们先吃吧。"心里却开始犯嘀咕。

一天，一个朋友跟她说："我昨天看到你家那位和一个女的在一起，看着挺亲密的。"这话像根刺一样扎在李婉心里。

晚上，她忍不住问丈夫："今天怎么这么晚，和谁在一起？"丈夫一脸疲倦："就是加班，和同事一起。"

李婉不信："哪个同事？是不是那天和你在一起的那个女的？"丈夫无奈："那是我同事，我们只是在讨论项目。"

但李婉越想越不对，开始频繁打电话查岗，甚至偷偷跟踪丈夫。丈夫发现后，很生气："你这是干什么？我辛辛苦苦工作，你就这么怀疑我？"

李婉也怒了："我就是想知道你是不是真的在加班！"两人大吵一架，家里的气氛越来越紧张。

后来，李婉为了试探丈夫，竟然开始"玩失踪"。回到家后的丈夫许久没有见到李婉，又打不通她的电话，立即联系她的家人和好友询问她的去处。

当知道丈夫因为找不到自己而痛哭流涕，甚至想要报警时，李婉心疼了，她想："原来他还是爱我的。"于是她决定结束这场闹剧，回家。

丈夫看到李婉打开家门进来，万分惊喜地扑上去抱住了她，哭着问李婉去哪儿了，自己怎么都联系不到她。李婉带着泪光说："我之前以为你说在加班的时候不是在工作，而去找别的女人了，就想到了'玩失踪'。我只是想看看你是不是真的在乎我。"

丈夫脸上的表情慢慢凝固了。他放开李婉，冷冷地说："在乎？我在乎你，但你在乎过我的感受吗？你这样骗我，我们还能继续下去吗？"

李婉慌了："我知道错了，我以后不会了。"但丈夫已经失望透顶："晚了，李婉。我们之间已经没有信任了。"

最终，丈夫提出了离婚。李婉这才意识到，自己的疑心和不信任，把原本幸福的家给毁了。她后悔莫及，但已经无法挽回。信任的裂痕一旦产生，就再也难以修补。

失去信任的婚姻往往伴随着情感的疏离与冷漠。当一方或双方都不再愿意敞开心扉，分享内心的感受与需求时，婚姻便成了一种形式上的存在，失去了其应有的温度与色彩。

这种疏离感不仅会影响夫妻之间的关系，还可能对子女造成深远的伤害。孩子们在缺乏信任与爱的环境中成长，很容易形成不健全的人格，对未来的人生充满迷茫与不安。

然而，信任并非一旦失去就无法挽回。在婚姻中，重建信任是一个艰难而漫长的过程，需要双方的共同努力与坚持。

首先，坦诚相待是重建信任的第一步。无论是哪一方造成了信任的破裂，都需要勇敢地承认错误，表达悔意，并承诺改正。其次，耐心与理解也是不可或缺的。信任的恢复不是一蹴而就的，它需要时间的考验

第八章
爱情的进程，走过恋爱，向婚姻出发

与双方不断努力。

有效的沟通也是重建信任的关键。在婚姻中，沟通不仅是传递信息的手段，更是情感交流的桥梁。双方需要学会倾听对方的声音，尊重对方的意见，共同寻找解决问题的办法。通过沟通，双方可以更加深入地了解彼此，增进理解与信任。

爱情攻略

> 婚姻是一个漫长的旅程，其中充满了坎坷与挑战。但只要我们坚守信任，携手同行，就一定能够走到最后。

微信扫码
1. AI贴心闺蜜
2. 成长必修课
3. 情商进阶营
4. 幸福研讨室